Dorothée Rabis und Lisa-Felicitas Morgen
Mama sein und so viel mehr

Über die Autorinnen

Dorothée Rabis ist Lehrerin an einer Sekundarschule und Mutter von zwei Jungs im Kindergarten- und Grundschulalter.

Lisa-Felicitas Morgen ist selbstständige Psychologin, in der Weiterbildung zur Kinder- und Jugendlichen-psychotherapeutin und seit zehn Jahren Mutter von mittlerweile drei Kindern.

Beide haben sich in einem Hauskreis für berufstätige Mütter eingehend mit dem Thema „Wie ist meine Berufstätigkeit als Mutter mit meinem Glauben vereinbar" befasst und daraus ist ihr erstes Buch entstanden. Beide leben mit ihren Familien in der schönen Hansestadt Lübeck.

Dorothée Rabis &
Lisa-Felicitas Morgen

Mama sein
UND SO VIEL MEHR!

Wie du im Familienalltag du selbst bleibst

Die Bibelzitate wurden, wenn nicht anders vermerkt, der folgenden Übersetzung entnommen:

Neues Leben. Die Bibel, © der deutschen Ausgabe 2002 und 2006 SCM R.Brockhaus in der SCM Verlagsgruppe GmbH, Witten/Holzgerlingen (NL)

Copyright © 2025 Gerth Medien
in der SCM Verlagsgruppe GmbH,
Berliner Ring 62, 35576 Wetzlar

1. Auflage 2025
Bestell-Nr. 821093
ISBN 978-3-98695-093-4

Umschlaggestaltung: Maren Habla
Umschlagillustration: Shutterstock, Valenty
Satz: satz-bau Leingärtner, Nabburg
Druck und Verarbeitung: GGP Media GmbH, Pößneck
Printed in Germany

www.gerth.de

Inhalt

Mama sein

„Mama, ist das Tante Hanna?" Meine Tochter zeigt auf ein Poster mit einer Sängerin, die meiner Schwester sehr ähnelt. Ohne die Antwort abzuwarten, kommentiert meine Sechsjährige sichtlich beeindruckt: „Dann hat Tante Hanna ja vier Berufe – Sängerin, Ohrringstecherin, Ärztin und Mama!" Genau, ihre Tante, die meine Tochter auf dem Poster zu erkennen meint, hat ihre Ohrlöcher gestochen. Ich muss schmunzeln, wie selbstverständlich daraus zwei Berufe werden. Besonders berührt mich dabei die Wahrheit in ihren Worten: Meine Schwester ist in der Tat so viel mehr als die Mama der Cousine und Cousins meiner Kleinen.

Natürlich beginnen wir danach zu überlegen, wie viele Berufe ich neben meinem Mamasein noch habe, und es dauert nicht lange, bis ich bemerke, dass ich mit meiner Tochter darüber philosophiere, wofür Dorothée und ich dieses Buch schreiben: Mama zu sein verändert zwar das Leben einer Frau so grundlegend, wie vermutlich kein anderes Erlebnis in ihrem Leben. Und doch stellt die Mutterrolle trotz der vermeintlich unendlichen Abhängigkeit der kleinen Wesen in ihrer ersten Lebenszeit nur eine Erweiterung dessen dar, was eine Frau auch schon vor ihrem Mamawerden war und weiter sein wird.

Lisa-Felicitas

Vielleicht geht es mancher Leserin ähnlich wie uns Autorinnen in den ersten Jahren unseres Mamaseins: Inmitten unseres frischgebackenen Familienglücks stellten wir fest, dass es gar nicht so leicht ist, neben unserem Mamasein auch wir selbst zu bleiben – in allen Facetten, die dieses Selbst ausmacht. Unser Weg war deshalb häufig mit negativen Gefühlen verbunden – Frust, Unausgeglichenheit oder Schuldgefühlen, weil wir vermeintlich vieles nicht mehr tun und sein konnten, wie wir es uns erwünscht hatten. Auch verhielten wir uns unseren Kindern und uns selbst gegenüber nicht immer so, wie wir es eigentlich wollten – und schon gar nicht so, wie man es in der Fülle an verfügbaren Blogs, Zeitschriften und Büchern zum Thema Mamasein nachlesen kann. Dazu kam über die Zeit wiederholt der Eindruck, dass unsere eigenen Erfahrungen und Entscheidungen als Mama teilweise den traditionellen, biblischen Vorstellungen der Mutterrolle zu widersprechen schienen.

Mitten in diesem innerlichen Durcheinander gelang es uns zuerst unabhängig voneinander und schließlich in einem gemeinsamen Hauskreis, innezuhalten und uns ehrlich darüber auszutauschen, wie es uns in diesem Spannungsfeld geht. Dabei half es uns sehr, immer wieder bewusst einen Blick nach außen und in die Bibel zu riskieren, um eigene Ansprüche, vorgelebte Rollen und vermittelte Ideale zu hinterfragen und neu zu entdecken. Weil sich dabei für uns so viele neue Wege auftaten, wollen wir dich mit diesem Buch auf unsere Reise einladen.

Was sagt denn die Bibel wirklich dazu, was eine Mama ausmacht? Was gehört biblisch gesehen zur Mutterrolle dazu? Und bleibt neben der Frau als Mama auch noch die Frau als Frau übrig?

> *Diese älteren Frauen sollen die jüngeren Frauen anleiten, ihre Ehemänner und auch ihre Kinder zu lieben, besonnen und anständig zu leben, ihren Haushalt gut zu versorgen, freundlich zu sein und sich ihren Ehemännern unterzuordnen. Damit werden sie dem Wort Gottes keine Schande machen!*
> *Titus 2,4-5*

Als junge Frauen sind wir angehalten, unsere Männer und Kinder zu lieben. In Bezug auf unsere Kinder ist dieser Hinweis doch in vielerlei Hinsicht bemerkenswert: Ist Mutterliebe denn nichts Automatisches? Wohl zumindest in Paulus´ Augen nicht. Man könnte außerdem provokant zuspitzen, dass für ihn demnach das *Lieben* wichtiger zu sein scheint als *gut erziehen*, sonst hätte er seine Worte wohl anders gewählt. Doch wo bleibe ich als Frau bei all der Liebe für die anderen, wo kann ich auftanken? Das möchten wir in den kommenden Kapiteln genauer betrachten.

Wie genau eine liebende Frau sich verhält, führt Paulus im nächsten Vers aus: Sie soll besonnen sein. Im Griechischen bedeutet dies: *mit gesundem Sinn*, was mit *vernünftig* und *mit Selbstbeherrschung* übersetzt werden kann. Nun, dass diese Besonnenheit übermüdeten Mamas auch mal verloren gehen kann, wissen wir alle. Wie wir sie uns trotzdem zurückholen können, auch darum soll es unter anderem in diesem Buch gehen.

Paulus fährt fort, eine liebende Frau solle zudem anständig leben, in anderer Übersetzung *sich von jeder Verfehlung rein halten*. Als Frauen und Mamas haben wir also eine Vorbildfunktion, sowohl im Umgang mit unseren Kindern als auch im Umgang mit anderen, und das nicht nur in Bezug auf unsere Sexualität. Seien wir weiter ehrlich, natürlich gelingt es uns nicht immer, so geduldig, freundlich, hilfsbereit und verständnisvoll mit anderen zu sein, wie wir es gerne wären. Auch diesem Aspekt widmet sich das Buch mit dem Ziel, Selbstzweifel und Druck hinter uns lassen zu können, indem wir Gedankenfallen identifizieren und aus ihnen herausfinden.

Wir sind beide keine sehr ambitionierten Hausfrauen. Umso mehr hat uns die Stelle *ihren Haushalt gut zu versorgen* beunruhigt. Ist es wirklich Gottes Idee vom Frausein, dass diese sich ausschließlich um ihre Wohnung oder ihr Haus kümmern soll? Selbst wenn man mit kleinen Kindern mit der Hausarbeit nie ganz fertig ist, können sich doch die wenigsten Frauen tagein, tagaus nur mit ihrem Haushalt befassen. Zumindest uns beiden ist das schnell zu eintönig und auch recht einsam. Gerade während der Coronamaßnahmen haben das viele Frauen sehr zu spüren bekommen. Und überhaupt: Wie passt diese Vorstellung mit den Frauen in der Bibel zusammen, die wie Deborah ein ganzes Heer angeführt haben?

Wenn Paulus den Frauen dann zusätzlich noch aufträgt, *freundlich* zu sein und *sich unterzuordnen*, wird das Spannungsfeld noch einmal erweitert. Ist es doch gerade dieser Vers, der die traditionelle Rollenverteilung zwischen dem strengen Vater und der gütigen Mutter hervorgebracht hat. In unserem Buch setzen wir voraus, dass dieses Verständnis weder dem Umfang der Mutter- noch der Vaterrolle gerecht wird. Gerade deshalb stellen wir die Frage, wie uns diese

Bilder vom Muttersein und Vatersein in unserem Alltag heute noch prägen. Dabei liegt unser Fokus vor allem darauf, wo uns (nicht nur traditionelle) Vorstellungen im Weg stehen, uns Freude und Kraft rauben bzw. zu Zweifel und Druck führen. Neben dem Aufdecken dieser Vorstellungen möchten wir Wege anbieten, mit diesen Erwartungen umzugehen und sich vielleicht auch daraus zu befreien. Deshalb wird es in diesem Buch auch immer wieder darum gehen, wie man eigene Bedürfnisse und Grenzen erkennen und formulieren und wie eine offene Kommunikation in der Partnerschaft gelingen kann.

BLICK NACH AUSSEN

Allein in dieser kurzen Bibelstelle zeigen sich zwei Dinge: Das Thema Frau- und Mamasein ist ein wahnsinnig weites Feld, zu jedem Gedanken darin könnte man lange Ausführungen schreiben. Aber es macht auch deutlich: *Das* eine Ideal der *Hausfrau und Mutter* gibt es so auch in der Bibel nicht. Frauen und ihre Lebensumstände sind schon immer einzigartig gewesen und werden es immer sein. Wir müssen uns also weder in die eine Rolle gedrängt fühlen, noch uns selbst in eine andere Rolle zwängen, die nicht zu uns passt, sondern können unser Mamasein mit unserer eigenen Persönlichkeit füllen.

Du stellst meine Füße auf weiten Raum (Psalm 31,9)

ist dabei die Zusage, an der wir uns im Weiteren orientieren wollen.

Wir haben die vielen Aspekte des Frau- und Mamaseins aufgedröselt und dann in einzelne Verantwortungsbereiche gefasst. In jedem Kapitel stellen wir einen Bereich in seiner Weite vor, ohne Anspruch auf Vollständigkeit – wir haben unter anderem die Diplomatin, die Köchin, die Chauffeurin und die Erzieherin leider nicht näher betrachten können –, aber immer ermutigend.

BLICK AUF MICH

Weil jedes Kapitel für sich allein steht, kann man sich den Themenbereichen widmen, die einen besonders ansprechen oder mit denen man vielleicht schon länger hadert. Dabei wird keine der Aufgabenbereiche bewertet, es wird auch kein Ideal entworfen. Vielmehr wollen wir Gottes Vielseitigkeit und Kreativität auf die Spur gehen, sowohl mit einem Blick über den Tellerrand in andere Kulturen und Fachbereiche als auch biblisch und persönlich. Jedes Kapitel endet darum mit einigen Fragen zum Weiterdenken, sodass es sich lohnt, einen Stift und ein Notizbüchlein beim Lesen dabeizuhaben.

Wir hoffen, dass jede Leserin danach sagen kann: Wie ich es mache, mache ich es gut – Gott ist an meiner Seite!

Für die Fürsorge verantwortlich sein

Im Geburtsvorbereitungskurs wurden wir gefragt, auf was wir uns bei unserem Kind am meisten freuen. Mein erster Gedanke war: „Dass mein Kind zu mir kommt, wenn es Trost oder Unterstützung braucht."
  Dorothée

Charaktereigenschaften wie Fürsorglichkeit und Verantwortungsbewusstsein, aber auch die Fähigkeit, eigene Bedürfnisse zurückzustellen, werden häufig ganz selbstverständlich Frauen zugeschrieben. Frauen ordnen sich diese Eigenschaften auch selbst zu oder stellen sie ganz oben auf die Liste der Eigenschaften, die eine Mama besitzen muss. Aus diesem Grund wird die Fürsorge oft wie selbstverständlich von Müttern übernommen. Laut den Angaben des statistischen Bundesamts erledigen in Deutschland tatsächlich die Mütter den Großteil der Care-Arbeit, siehe Anmerkung 14.

Bei der Fürsorge steht das Kümmern im Mittelpunkt. Man spricht in diesem Zusammenhang auch von der sogenannten *Care-Arbeit* (engl. care = pflegen), die in erster Linie die praktischen Handgriffe umfasst. Das geht mit Anziehen, Windelnwechseln und Stillen beziehungsweise Fläschchenmachen los, später wird der Brei gekocht oder das Gemüse gedünstet. Dazu kommt die Körperpflege mit Baden, Nägelschneiden oder der Besuch beim Frisör. Auch Termine beim Arzt zählen dazu, zudem werden auf unzähligen Flohmärkten und im Internet passendes Spielzeug und Kleidung in der nächsten Größe gesucht. Abends werden Zähne nachgeputzt und ein Gutenachtlied gesungen.

Einen Teil der Care-Arbeit bemerkt das Kind unmittelbar, zum Beispiel wenn es ums Haarewaschen geht. Andere Aufgaben geschehen eher im Hintergrund, wie das Besorgen neuer Windeln oder das Achten auf eine gesunde Ernährung. Mit zunehmendem Alter der Kinder verändert sich auch die Art der Fürsorge, denn die Kinder werden selbstständiger und brauchen bei den täglichen Aufgaben immer weniger Hilfe. Sie essen selbst und ziehen sich irgendwann auch allein an. In der Grundschulzeit besteht das Kümmern dann zum Beispiel aus dem gemeinsamen Packen der Schultasche oder im Organisieren der Freundesbesuche und irgendwann werden sich die Kinder immer mehr selbst versorgen und ihr Leben allein organisieren können.

Aber die Aufgaben der Fürsorgenden bestehen nicht nur aus der Pflege der Kinder, es geht hierbei auch um die emotionale Fürsorge. Dazu zählen Dinge wie Zuhören, Kuscheln und das Ernstnehmen und Begleiten der kindlichen Gefühle. Diese Art der Fürsorge bleibt oft länger bestehen und ist nicht minder wichtig.

Babys werden von Anfang an geherzt, gekuschelt und gestreichelt. Je älter die Kinder werden, umso autonomer bewegen sie sich, und doch kommen sie meist abends zum gemeinsamen Lesen auf Mamas Schoß gekrabbelt oder fordern das Kuscheln beim Zubettgehen ein.

Einen großen Bereich nimmt besonders bei kleinen Kindern das Trösten ein. In den ersten Lebensjahren haben die kleinen Wesen sehr damit zu tun, ihre eigenen Gefühle zu verstehen, und sie erleben noch häufig, wie ihnen etwas nicht gleich gelingt, und sie frustriert. Sie sind darum oft sogar mehrmals am Tag tief verzweifelt und suchen Trost und Halt bei ihrer Mama. In den meisten Fällen ist diese Traurigkeit jedoch in wenigen Minuten wieder vergessen. Besonders bei älteren Kindern ist das Zuhören und Verstehen ihrer Gedanken, Probleme und Sorgen ein ganz großer Punkt in der Fürsorge. Die Zeit, die bei Babys für praktische Handgriffe wie Wickeln und Füttern aufgewendet wird, wird jetzt konzentrierter in gemeinsamen Gesprächen oder Unternehmungen eingesetzt.

Zum Kümmern um die emotionale Gesundheit des Kindes gehört zudem der Schutz der Kinderseele. Mamas wissen meist recht genau, was sie ihren Kindern zutrauen, aber auch zumuten können. Sie spüren, ob ein Kind schon allein beim Sportkurs bleiben kann oder ob es noch Mama in der Nähe wissen muss. Zudem gibt es gesetzliche Regelungen wie die Altersempfehlung bei Filmen oder verpflichtende Vorsorgeuntersuchungen beim Kinderarzt, die ebenfalls einen Teil zur (emotionalen) Gesundheit des Kindes und damit zur Fürsorge beitragen.

Hin und wieder fallen Kinder in ihrem Verhalten urplötzlich ein paar Jahre zurück und möchten sich zum Beispiel doch nicht allein anziehen. In diesen Momenten holen sie sich Zuwendung durch die Hilfestellung der Mama und genießen das Umsorgtwerden besonders. Dieses Phänomen tritt meist auf, wenn sich der Alltag gerade verändert, beispielsweise durch den Start in der Kita oder wenn der nächste Entwicklungsschritt ansteht. In diesen Situationen zeigt sich, wie die praktische und die emotionale Versorgung miteinander verknüpft sind. Die Kinder brauchen sowohl die Versorgung ihres Körpers mit Nahrung und guter Hygiene als auch das Kümmern um ihre Seele durch liebevolle Zuwendung.

Zur Fürsorge gehört zudem der große Bereich der Erziehung. Hier geht es zuerst darum zu entscheiden, mit welchen Werten die Kinder aufwachsen sollen. Diese werden dann im alltäglichen Leben über gute Gewohnheiten trainiert und vermittelt. Dafür müssen Grenzen gesetzt und Regeln aufgestellt werden, die natürlich auch ausgereizt und mit zunehmendem Alter des Kindes neu definiert werden. Diese Fürsorge umfasst somit die volle Bandbreite vom Händewaschen nach dem Essen über höfliche Umgangsformen bis hin zu abstrakten Dingen wie dem Einsetzen für Schwächere. Erziehung überschneidet sich also mit emotionaler Fürsorge, denn sie gelingt mit Zuwendung und Verständnis und fällt darum ebenfalls häufig zum Großteil in den Aufgabenbereich der Mama. Ergänzend dazu wird ebenfalls die religiöse Erziehung oft von Mamas übernommen. Sie beten eher mit den Kindern, gestalten den Kindergottesdienst oder lesen ihnen aus der Kinderbibel vor.

Für all diese eben aufgeführten Dinge sind die am Anfang genannten Eigenschaften der Mütter gut und wichtig. Doch wie verhält es sich, wenn eine Mama genau diese Eigenschaften nicht in dem Maß besitzt, wie es von ihr erwartet wird? Wie gestaltet sich das Mamasein bei einer schweren Krankheit der Mutter, die ihre Kapazität, fürsorglich zu sein, sehr einschränkt? Oder was passiert ganz konkret, wenn zum Beispiel eine Mama während einer erneuten Schwangerschaft nicht aufstehen darf? Auch ein Schreibaby kann eine Mutter an die Grenzen ihrer Kraft bringen und sie an ihren Fähigkeiten als Mutter zweifeln lassen.

Die Mutter als Fürsorgetragende ist ein zentraler Aspekt im Verständnis der meisten Menschen von der Mutterrolle – insbesondere, solange Kinder noch sehr klein sind. Mit der dramatischen Konsequenz, dass eine Mama, die sich nicht im vollen Umfang um ihre Kinder kümmern kann, oft ihre gesamte Eignung als Mama infrage stellt.

Ich (Dorothée) habe im ersten Coronalockdown eine Depression entwickelt. Ich war 14 bis 16 Stunden am Tag mit nichts anderem beschäftigt, als meine Kinder zu versorgen, und rotierte zwischen Wickeln, Anziehen, Essenzubereiten, Spazierengehen, Kochen, Mittagsschlafbegleitung, Kinderbeschäftigung und Stillen hin und her. Mein Mann half mir neben seinem Vollzeitjob, wo er konnte, trotzdem bin ich nie zur Ruhe gekommen und konnte nicht ausreichend auftanken. Nach ein paar Wochen kam ich an einen Punkt, wo nichts mehr ging. Mir fehlte sogar die Kraft, die Kinder für den Tag fertig zu machen. Wenn ich daran dachte, sie für das Rausgehen anzuziehen, entstand folgende Liste in meinem Kopf. Solche Listen sind ein typisches Symptom für Überlastung:

» Der Große braucht Socken, eine rechte und eine linke, die muss ich aus dem Schrank holen, dazu muss ich ins Kinderzimmer gehen,
» eine Hose für draußen, die muss ich auch noch holen,
» einen rechten Schuh,
» den passenden linken Schuh,
» eine Jacke, die nicht zu warm oder zu kalt ist,
» eine Mütze, die nicht zu warm und zu kalt ist,
» einen Schal, der nicht angesabbert wurde,
» wenn ich alles habe, muss ich ihm zuerst die Socken anziehen,
» und so weiter

Jetzt, da es mir wieder besser geht, arbeite ich diese Liste automatisch und fast nebenbei ab. Aber unter der Krankheit war jeder Handgriff ein eigener Denkprozess, wodurch alltägliche Aufgaben unglaublich groß und schwer erschienen. Die Folge war logischerweise, dass ich mich der Versorgung meiner Kinder nicht mehr gewachsen gefühlt habe. Und weil ich selbst meine Kraftreserven nicht auffüllen konnte, fehlten mir bald die Ressourcen, um meine Jungs emotional zu versorgen.

Ich hatte nichts weiterzugeben, habe nur noch funktioniert, und selbst das nicht mehr so richtig – so hatte ich mir das Mamasein nicht vorgestellt. Mein Glück in dieser Situation war, dass eine Freundin meine Symptome nur durch ein Telefonat erkannt und mich zu einem Arzt geschickt hat. Dort konnte man mir auch recht schnell Hilfe vermitteln.

Nach der Diagnose haben wir einige Abläufe in unserem Alltag verändert, mein Mann ist zum Beispiel ins Homeoffice gegangen. Auch wenn er im Homeoffice an dieselben Arbeitszeiten wie im Büro gebunden war, konnte ich doch zumindest ab und an ein Kind zu ihm bringen oder er hat die Jungs morgens mit angezogen und versorgt. Ich konnte ihm einen Teil der Care-Arbeit abgeben und war dadurch mehr Mama als vorher, weil ich mit dem Herzen wieder besser dabei sein konnte.

BLICK IN DIE GESCHICHTE

Bereits seit vielen Jahrtausenden kümmern sich Mamas um Kinder und *Haushalt*. Was genau darunter zu verstehen ist, sah je nach Epoche und Lebensweise der Familie ganz anders aus.

Familien lebten viele Jahrhunderte als Großfamilie zusammen, sodass sich mehrere Generationen einen Wohnort teilten, der in der Regel auch ihr Arbeitsplatz war. Die meisten Menschen waren in der Landwirtschaft tätig und selbst Stadtbewohner hatten eigenes Land, um sich mit alltäglichen Dingen zu versorgen. Da Feldarbeit anstrengende körperliche Arbeit war, wurde sie von den jungen Menschen übernommen.

Ohne Elektrizität verlangte auch Hausarbeit mehr körperlichen Einsatz und lag somit ebenfalls im Verantwortungsbereich der jungen, kräftigen Frauen und Männer. Viele Dinge des täglichen Gebrauchs wurden selbst produziert, seien es Lebensmittel, Kleidung oder Geschirr. Die Betreuung der Kinder fand durch die Ältesten der Familie im Familienverband statt. Dadurch waren die Grenzen zwischen Haushalt, Kindererziehung und dem Leisten eines wirtschaftlichen Beitrags zum Unterhalt der Familie nicht voneinander zu trennen.

Als sich immer mehr Menschen in Städten niederließen, lösten sich die Großfamilien auf, auch wenn noch immer mehrere Generationen in einem Haushalt wohnten. Für arme Familien stand dann das Überleben an erster Stelle. Kleine Kinder waren oft eine Last, die es zu versorgen galt. Gleichzeitig waren Kinder wichtig, da sie als Erwachsene wiederum die Versorgung der Eltern im Alter absichern mussten.

Der Umgang mit Kindern in harten Zeiten war nicht besonders liebevoll und die Kindersterblichkeit war sehr hoch. Außerdem halfen die Kinder von Anfang an überall mit und verdienten sich so ihre Anerkennung. Die Müttersterblichkeit war damals ebenfalls sehr hoch, sodass Kinder häufig mit Stiefmüttern aufwuchsen. Witwer heiraten schnell wieder, um die Versorgung der Familie zu sichern.

Der Alltag adliger Mütter stellte sich dagegen ganz anders dar, denn adlige Frauen hatten viele gesellschaftliche Pflichten und Kinder störten bei Festen und streng protokollierten Empfängen. Diese Kinder wurden von Geburt an fremdbetreut und hatten ein sehr distanziertes Verhältnis zu ihren Eltern. Eine engere Verbindung hingegen hatten diese Kinder zu ihren Ammen. Diese übernahmen das Stillen der Kleinkinder und sicherten neben einem Teil der Betreuung außerdem das Überleben des Säuglings, sollte dessen Mutter sterben.

Das Ideal der fürsorgenden Mutter, wie im ersten Teil des Kapitels beschrieben, gibt es erst seit dem Erstarken des Bürgertums, also etwa seit dem 19. Jahrhundert. In dieser Zeit konnten Männer ohne Adelstitel erstmals hohe Positionen in Politik und Wirtschaft erreichen und wurden entsprechend bezahlt. Mit zunehmendem Wohlstand wurde die Rolle der Frau zu einem Sinnbild für die Höhe des Einkommens eines Mannes: Ging sie nicht arbeiten, sondern betreute stattdessen ausschließlich Haushalt und Kinder, hatte der Mann eine sehr gute Arbeitsstelle. Das Gehalt des Mannes entschied zudem darüber, wie viele Hausangestellte der Frau zur Seite standen und wie viel Zeit sie wohltätigen Zwecken widmen konnte. Ganz anders erging es Alleinerziehenden: Deren Kinder wurden oft zu Verwandten gegeben, damit die Mutter die finanzielle Versorgung übernehmen konnte.

Das Bild der Frau als *Hausfrau und Mutter* wurde während des Nationalsozialismus noch stärker in der Gesellschaft verankert. Frauen sollten möglichst viele Kinder bekommen und sie in der nötigen politischen Ausrichtung und mit der entsprechenden Härte erziehen. Nach dem Ende des Zweiten Weltkriegs fehlten Haushaltshilfen und es gab auch nur wenig hilfreiche Haushaltsgeräte, sodass Hausarbeit und Kinderversorgung schwere körperliche Arbeit bedeuteten. Frauen waren oft alleinerziehend und übernahmen zudem viele Aufgaben, die zuvor von Männern erledigt worden waren (Stichwort: Trümmerfrauen während des Wiederaufbaus).

In den darauffolgenden Jahrzehnten war Deutschland geteilt in die Bundesrepublik Deutschland und die Deutsche Demokratische Republik. Die unterschiedliche politische Ausrichtung der Länder hatte auch Einfluss auf die Art, wie die Mutterrolle gesehen und gelebt wurde. Diese Unterschiede prägen unsere Generation noch immer, darum gehen wir in dem Kapitel „Tochter sein" konkreter auf diese Zeit ein.

Nach der Wiedervereinigung wurden gemeinsame Gesetze für die beiden ehemals getrennten Staaten formuliert, darunter auch das heute noch gültige Gesetz über die Fürsorge von Kindern. In diesem Gesetz findet sich allerdings nichts zur Rolle der Mutter, sondern hier wird klar von der Fürsorge als Aufgabe beider Eltern gesprochen.

Sozialgesetzbuch (SGB) – Achtes Buch (VIII) – Kinder- und Jugendhilfe – (Artikel 1 des Gesetzes v. 26. Juni 1990, BGBl. I S. 1163)
§ 1 Recht auf Erziehung, Elternverantwortung, Jugendhilfe
(1) Jeder junge Mensch hat ein Recht auf Förderung seiner Entwicklung und auf Erziehung zu einer selbstbestimmten, eigenverantwortlichen und gemeinschaftsfähigen Persönlichkeit.
(2) Pflege und Erziehung der Kinder sind das natürliche Recht der Eltern und die zuvörderst ihnen obliegende Pflicht. Über ihre Betätigung wacht die staatliche Gemeinschaft.

BLICK IN DIE BIBEL: DIE WITWE VON ZARPAT

Die folgende Geschichte handelt von einer Frau, die ihren Ehemann verloren hat und die sich während einer Hungersnot allein um ihren Sohn kümmert. Im heutigen Sprachgebrauch würde man von dieser Frau nicht zuerst als *Witwe* sprechen, sondern von einer alleinerziehenden Mama in großen finanziellen Schwierigkeiten.

Sie war bei der Unterhaltung ihres Lebens auf sich allein gestellt und lebte von dem, was sie neben der Versorgung ihres Haushalts und ihres Kindes noch dazuverdienen konnte. Dazu kam die andauernde Dürre, sodass es keinerlei bezahlbare Lebensmittel mehr gab. Sie wird schon lange nichts Richtiges mehr gegessen oder sauberes Wasser getrunken, sich wegen des Wassermangels auch schon lange nicht mehr gewaschen haben und die Sorge um das Leben ihres Sohnes wird ihr den Schlaf geraubt haben. Sie hatte keinerlei Hoffnung auf Veränderung in ihrem Leben, kaum Hoffnung, diese Krise überhaupt zu überleben.

In dieser Situation kommt der Prophet Elia zu ihr und bittet sie um etwas zu essen, was damals für Reisende nicht unüblich war. Es verwundert also nicht, dass ihre Antwort fast zynisch ausfällt.

Doch sie antwortete: „So wahr der Herr, dein Gott, lebt, ich habe kein einziges Stück Brot mehr. Im Topf ist nur noch eine Handvoll Mehl und im Krug nur noch ein kleiner Rest Öl. Ich habe gerade ein paar Zweige gesammelt, um diese Mahlzeit zu bereiten für mich und meinen Sohn; wir werden essen und sterben." 1. Könige 17,12

Doch Elia sagte zu ihr: „Hab keine Angst! Geh und mach, was du gesagt hast, aber backe mir zuerst einen kleinen Laib Brot und bring ihn heraus. Dann backe für dich und deinen Sohn. Denn so spricht der Herr, der Gott Israels: ,Das Mehl im Topf wird nicht aufgebraucht werden und das Öl im Krug nicht zur Neige gehen, bis zu dem Tag, an dem der Herr dem Land Regen schickt.'" 1. Könige 17,13-15

Sicher wird es kein Festschmaus gewesen sein, jeden Tag Brot und Öl zu essen. Aber es war in dieser Zeit ausreichend, ihnen das Überleben zu sichern, und wird schon deswegen das Köstlichste gewesen sein, was sie sich vorstellen konnten. So fasste sie wieder Lebensmut. Am Anfang noch zaghaft und immer in der Erwartung, dass die Versorgung wieder aufhören könnte, doch mit jedem neuen Tag mit mehr Zuversicht und vorsichtigem Optimismus. Doch dann kommt es noch schlimmer für sie.

Nachdem sie wieder auf ihr Überleben zu hoffen gewagt hat, wird ihr Sohn krank und stirbt trotz aller Mühen und Pflege. Er war ihr einziges Kind, zumindest soweit wir wissen. Er war also ihr Lebensinhalt, ihre Sicherheit und auch ihre Altersvorsorge. Denn eine Rente oder Pension gab es in dieser Zeit noch nicht und zurücklegen konnte sie durch die Dürre auch nichts.

Jetzt war sie allein, all ihre Mühen zur Rettung ihres Kindes in den letzten Monaten hatten sich nicht gelohnt. Was das für ein Gefühlschaos bei der Witwe ausgelöst haben mochte: Erst versorgt Gott sie und dann lässt er sie im Stich. Sie war irritiert von Gott, verzweifelt, traurig und wütend.

Da sagte sie zu Elia: „Mann Gottes, was habe ich mit dir zu schaffen? Bist du gekommen, um mich an meine Sünden zu erinnern und dann meinen Sohn zu töten?"
1. Könige 17,18

Ihre Wut richtet sich zuerst gegen die einzige Person, die in ihrer Nähe ist: Elia. Sie stellt ihm die Frage, die Menschen bei jedem Unglück beschäftigt: „Warum ist ausgerechnet mir das passiert?" Im selben Atemzug beantwortet sie sich diese Frage selbst: Der Tod ihres Sohnes ist für sie eine Strafe Gottes für die Fehler, die sie im Leben gemacht hat. Sie sieht

Gott als lieblosen, rachsüchtigen Gott, der sich für ihren Alltag nicht interessiert.

Elia versucht sie nicht mit Erklärungen zu besänftigen. Auch verteidigt er Gott nicht, sondern nimmt sich der Situation an und gibt ihre Wut und ihre Fragen an Gott weiter, denn er ist selbst verwirrt. Er fragt sich, warum das Unglück gerade die Familie trifft, die nach Gottes Willen lebt und ihm Gutes tut.

Auch heute stellt sich diese Frage immer wieder, wenn liebe Menschen aus unserem Umfeld, unserer Familie oder der Gemeinde Schicksalsschläge erleiden. Wir wissen nicht, ob dieser Junge als Folge der Hungersnot erkrankt ist, ob er vielleicht eine versteckte chronische Krankheit hatte, die zu diesem Zeitpunkt sichtbar geworden ist, oder ob er durch die lange Hungerzeit zu schwach war, einen Infekt zu bewältigen. Aber was wir wissen, ist, dass Gott durch Elia vor Ort war und diesen Jungen zurück ins Leben geschickt hat.

> *Der Herr erhörte Elias Gebet, und das Leben kehrte in das Kind zurück, und es wurde wieder lebendig. Elia nahm es und trug es vom oberen Zimmer hinunter ins Haus und übergab es seiner Mutter. „Sieh, dein Sohn lebt!", sagte er. Da sagte die Frau zu Elia: „Jetzt weiß ich bestimmt, dass du ein Mann Gottes bist und der Herr wahrhaftig durch dich spricht." 1. Könige 17,22-24*

Was für ein großartiges Wunder! Gottes Eingreifen öffnet die Augen der Witwe für Gottes Gegenwart in ihrem Haus. Sie erlebt Gott als fürsorglich und an ihr interessiert, ihr Gottesbild wandelt sich komplett. Auch heute ist Gott durch seinen Heiligen Geist in uns und mit uns überall da, wo wir sind, und bei allem dabei, was wir tun. Er hat der Witwe durch Elia versprochen und sagt es auch dir zu:

„Meine Versorgung für dich steht, bis es wieder besser wird. Die Umstände werden sich zum Besseren ändern und du wirst neue Kraftquellen in deinem Leben finden, aus denen du schöpfen kannst. Aber bis dahin wird dir meine Versorgung genügen, sowohl für deinen Körper (Brot) als auch für deine Seele (Öl). Ich werde meine Versprechen halten." Nach Vers 14.

BLICK AUF MICH – TIPPS UND ANREGUNGEN

An manchen Tagen verliert man sich selbst bei all der Kinderversorgung so sehr aus dem Blick, dass man am Ende zwar völlig erschöpft ist, aber gar nicht mehr weiß, warum. An anderen Tagen ist man mit allem so beschäftigt, dass man die Frage „Wie geht es dir?" nicht beantworten kann. Die folgenden Fragen können dabei helfen, sich selbst überhaupt wieder zu sehen und vielleicht mal eine Pause zu machen, auch wenn man vor lauter Adrenalin gar kein Bedürfnis danach verspürt.

» Habe ich gut und genug geschlafen/gegessen/getrunken?
» Hatte ich in den letzten Tagen genug Zeit für mich?
» Habe oder bekomme ich bald meine Periode?
» Habe ich eine emotional aufreibende Sache verarbeiten müssen?
» Habe ich alle wichtigen Dinge erledigen und Termine einhalten können?
» Gab es daneben Besonderheiten (Geburtstage, Besuche, ...)?
» Brauche ich zusätzliche Hilfe bei meinen Aufgaben (Kinderbetreuung, Haushalt, Termine) oder weil jemand krank geworden ist?

Der Austausch mit anderen Mamas ist sehr wertvoll, sei es in einer Krabbelgruppe, einem Sportkurs oder bei gemeinsamen Spaziergängen. Dabei wird schnell klar, dass man mit den eigenen Sorgen und Nöten nicht allein ist, und der ein oder andere Kniff wird weitergegeben. Manchmal kann es allerdings auch zu viel des Guten sein. Verunsichern die Treffen mehr als dass sie helfen, sollte man eine Gruppe vielleicht auch wieder verlassen.

Fragen zum Weiterdenken:

» Was macht für mich die Mutterrolle aus?

» Welche Eigenschaften zeichnen mich als Mutter aus?

» Wo liegen meine Stärken?

» Welche Aufgaben erledige ich gerne, welche kosten mich viel Kraft?

» Wo kann ich Unterstützung bei der Pflege meiner Kinder bekommen, wenn ich es selbst nicht schaffe? Gibt es Selbsthilfegruppen in meiner Nähe? (Hebammen können da in der Regel gut Auskunft geben.)

Haushälterin sein

„Bei uns kann man vom Boden essen – man findet immer etwas." Dieser Satz beschreibt den Essbereich in unserem Wohnzimmer und unsere Küche in den ersten Jahren mit Kindern ganz gut. Auch jetzt gibt es immer noch Zeiten, in denen ich tagelang eine trockene Nudel unter dem Tisch erspähe, es aber nicht schaffe, sie wegzuräumen. Ich bin auf einem Bauernhof aufgewachsen. Da lag zur Erntezeit manchmal ein halber Heuballen verteilt in der ganzen Wohnung, was ist schon eine einzelne Nudel dagegen? Darum ist Ordnung für mich etwas Relatives. Aber ich ärgere mich über das Chaos und mein vollgekrümelter Fußboden ist mir peinlich, wenn Besuch kommt.

    Dorothée

Besuch ist ein gutes Stichwort. Ich liebe es, Gastgeberin zu sein. Wir haben zum Beispiel die Segnungsfeier unserer großen Kinder in unserem Garten veranstaltet. Meistens beginnen solche größeren Anlässe schon Wochen vorher in meinem Kopf zu einem Vorbereitungsplan zu reifen: Farbkonzept, Tischdekoration, Sitzgelegenheiten, die passende Bewirtung mit dem dazugehörigen Zeitplan für die notwendigen Einkäufe und Vorbereitungen ... Mein Mann kennt mich mittlerweile so gut, dass er mir die Regie an solchen Tagen überlässt *und anpackt, wo ich ihn darum bitte. Ich wiederum kenne mich mittlerweile so gut, dass es mir meistens gelingt, nicht mehr zur Vorbereitungsmaschine zu werden, sondern Raum lassen kann für meine Kinder und meinen Mann. Denn leider habe ich in der Vergangenheit öfter die Festtagsfreude dadurch geschmälert, dass ich durch meine hohen Ansprüche an Ordnung und Perfektion die Stimmung in unserer Kernfamilie vermieste, bevor die Gäste kamen.*

Lisa-Felicitas

Zum Haushalt gehören neben Aufräumen und Sauberkeit auch die Versorgung der Familie mit Essen und Kleidung, das Wäschewaschen und die Organisation des täglichen Lebens. Was sich so knapp in einem Satz zusammenfassen lässt, entpuppt sich im Alltag als eine fast unendlich lange Liste an Aufgaben und Überlegungen. Viele Dinge führen Frauen bereits automatisch aus und viele Gedankengänge laufen wie von selbst ab, sodass sie sich derer gar nicht mehr bewusst sind. Zur Verdeutlichung kann sich jede Leserin überlegen, welche Gedanken und Handgriffe sie ausführt, wenn es um das Thema Einkaufen geht. Denn bevor man den Laden überhaupt betritt, haben schon eine ganze Reihe Überlegungen stattgefunden.

Kündigt sich Besuch an oder steht ein Feiertag vor der Tür, nehmen die Aufgaben im Haushalt meist deutlich zu. Hier ist besonders das Putzen ein großes Thema. Eine ordentliche Wohnung wird von vielen noch immer unbewusst als äußeres Zeichen dafür gesehen, sein Leben im Griff zu haben und eine gute Hausfrau zu sein. Oder anders formuliert: Ein aufgeräumter und gut strukturierter Haushalt zeugen von einer kompetenten Frau und Mama. Darum stellen viele Frauen diesbezüglich einen hohen Anspruch an sich. Nur wenn das Haus auch in der letzten Ecke glänzt und kataloggleich kein Staubkörnchen zu sehen ist, sind sie wirklich zufrieden. Da dies leider nie der Fall ist, stellt sich auch nie eine völlige Zufriedenheit mit der eigenen Ordnung ein. Zudem ist für manche Frau dieser Anspruch ein Grund, dem Partner oder den Kindern bestimmte Aufgaben nicht abgeben zu wollen.

Neben Ordnung und Sauberkeit führen beim Thema Haushalt noch weitere Themen zu zusätzlichem Druck: Zum Beispiel gesunde Ernährung, „selber machen statt kaufen", oder eine schöne Inneneinrichtung. Nicht selten übersteigen die eigenen Ansprüche irgendwann die Kraft und Zeitressourcen vieler Frauen. Dann folgen Zweifel an ihrer Eignung als Mama, weil unabhängig von den Kindern ihr Haushalt nicht so läuft, wie sie es sich vorgestellt haben.

Obwohl das Bild der *Hausfrau und Mutter* häufig als überholt angesehen wird, steckt doch genau darin ein Lösungsansatz: Wie wäre es, den Haushalt von der Mutterrolle zu trennen? Denn beide Bereiche überschneiden sich zwar in vielem, sind aber nicht identisch. Eine liebende Mama muss keine gute Köchin sein und eine begnadete Köchin keine perfekte Reinigungskraft.

Haushaltsführung hat, genau wie so viele andere Lebensbereiche auch, etwas mit Begabung und Begeisterung zu tun. Manchen Frauen fällt es einfach leichter, einen Haushalt zu führen als anderen. Oft sind es zudem bestimmte Aufgaben, die man gerne macht und andere eben nicht. Ich sauge zum Beispiel nicht gerne Staub, aber wenn meine Kinder andauernd meckern, dann schmeiße ich den lauten Staubsauger an, habe etwas *Ruhe* und erledige nebenher noch ein bisschen Hausarbeit. Genauso gut kann die Küche ein willkommener Rückzugsort sein, wenn ein Besuch nicht so angenehm verläuft wie erhofft.

Natürlich erleichtert eine gewisse Grundordnung viele

Handgriffe und eine saubere Wohnung schützt vor Krankheiten oder hilft, sich daheim entspannen zu können. Hausarbeit sollte jedoch nicht der Außenwirkung wegen getan werden, sondern die gute und schnelle Bewältigung der alltäglichen Aufgaben für die Familie ermöglichen.

Dabei spielt es gerade am Anfang der Familienzeit keine Rolle, ob im Bücherregal viel oder wenig Staub liegt. Wichtiger ist es, mit sehr wenigen Handgriffen und einhändig Fläschchen, Schnuller, Mulltücher, Windeln und Ähnliches griffbereit zu haben (und dieses Wissen mit dem Ehemann und anderen zusätzlichen Betreuungspersonen geteilt zu haben). Zudem wird mit zunehmendem Alter der Kinder auch die Staubschicht in der Regel dünner, weil man wieder öfter Zeit für die Hausarbeit findet. Auch bei uns kann man sich inzwischen nicht mehr vom Fußboden satt essen.

BLICK NACH INNEN: WER DENKT WAS, WER MACHT WAS?

Je nach Begabung und Zeitkapazitäten ist es völlig normal, dass in Familien die Aufgaben zwischen den Erwachsenen und mit zunehmendem Alter auch auf die Kinder verteilt werden. Ein bekanntes und gut untersuchtes Phänomen dabei ist, dass Frauen weltweit deutlich mehr Zeit mit Haushaltsaufgaben verbringen als Männer[1]: Zahlen des Statistischen Bundesamts für Deutschland (veröffentlicht 2024, erhoben 2022) beziffern die von Frauen mehr geleistete unbezahlte Arbeit auf neun Stunden pro Woche, was einer Stunde und neunzehn Minuten täglich entspricht[2]. Forschung in diesem Bereich rund um die Coronapandemie hat zudem gezeigt, dass Frauen ihren Anteil an unbezahlter Arbeit realistischer einschätzen, während Männer ihren

Anteil eher überschätzen – wobei Letzteres auch daran liegen könnte, dass mittlerweile etwa die Hälfte aller Familienväter den Wunsch nach einer gleichberechtigten Aufteilung äußern[3].

Ich (Lisa-Felicitas) erwähne diese Statistiken nicht, um das Ideal von zwei in Teilzeit arbeitenden Elternteilen zu vertreten, die beide zu gleichen Anteilen den Haushalt und die Kindererziehung wuppen. Vielmehr glaube ich, dass es sehr wichtig für ein gelungenes Familienleben ist, dass echte Partnerschaftlichkeit besteht. Damit meine ich, dass beide Erwachsenen mit dem gemeinsam gewählten Modell zufrieden sind und keiner sich auf Kosten des anderen verwirklicht. Entsprechend können selbstverständlich die unterschiedlichsten Modelle genau richtig für die jeweilige Familie und deren Lebenssituation sein.

Dass ich die Statistiken trotzdem erwähnt habe, hat seinen Grund in der ganz persönlichen Geschichte unserer Elternschaft als Paar. Denn Eltern zu werden stellte für uns eine echte Lernkurve in Bezug auf die gemeinsam gelebte Verantwortungsübernahme dar, verbunden mit sehr viel Unzufriedenheit und wiederholten Auseinandersetzungen – besonders in den Jahren, als unsere älteren Kinder noch klein waren.

Dazu muss man wissen, dass uns dies so ging, obwohl wir beide direkte und offene Kommunikation schätzen und leben. Weil wir zudem entscheidungsfreudig und flexibel sind, haben wir in den zehn Jahren unserer Ehe und Elternschaft bereits viele unterschiedliche Modelle ausprobiert, die anstehenden Aufgaben zwischen uns aufzuteilen. So war mein Mann bei unserem Erstgeborenen ein Jahr lang in Elternzeit, ich bei unserem zweiten Kind. Mein Mann hat sowohl im Schicht- als auch im Regeldienst, in Vollzeit als auch in Teilzeit gearbeitet. Meine Arbeitszeiten erst als

Studentin, dann in einer berufsbegleitenden Weiterbildung und schließlich parallel als Selbstständige haben wir ebenso flexibel immer wieder neu an die Herausforderungen unseres Familienalltags angepasst. Dabei waren für uns regelmäßige ehrliche Bestandsaufnahmen wichtig und trotzdem änderte sich lange nichts an der erwähnten Unzufriedenheit.

Erst als wir das Konzept der *mental load* zu verstehen begannen, gelang es uns, aus der Unzufriedenheitsspirale auszusteigen. *Mental load*, damit ist die Last der alltäglichen, unsichtbaren Verantwortung für das Organisieren von Haushalt und Familie gemeint. Es umfasst zudem die Beziehungspflege und das Auffangen der Bedürfnisse und Befindlichkeiten aller Beteiligten[4]. Der Groschen fiel, als ich ein Kapitel aus dem Buch „Mann und Vater sein" von Jesper Juul las, in dem er den Unterschied zwischen Macht und Verantwortung erklärt.

Juul schreibt, dass Väter es als unfair oder beleidigend erleben, wenn Frauen sich wie alleinerziehende Mamas empfinden, obwohl sie genauso viele Aufgaben erledigen wie diese. Juul fährt fort, dass rein auf der Ebene der Aufgabenteilung betrachtet Mamas meistens natürlich nicht recht hätten mit ihrem Empfinden. Allerdings klammere eine rein auf die Aufgabenteilung gerichtete Sicht die allumfassende Verantwortung für ein Kind aus. Denn Verantwortung für ein gemeinsames Kind lasse sich nicht in Aufgaben aufteilen. Vielmehr sei Verantwortung eine konkrete Erfahrung, die sich im Überblick über anstehende Arztbesuche, dem Besuchen von Elternabenden, dem Kümmern um die passende Windelsorte, dem rechtzeitigen Besorgen eines Geschenks für den anstehenden Kindergeburtstag und vielem mehr zeige. Hätten beide Eltern über diese Dinge denselben Überblick, dann seien auch beide gleichermaßen verantwortlich[5].

Von dieser Erklärung fühlte ich mich absolut abgeholt! Ich hatte häufig den Eindruck, mit der Verantwortung für die Kinder viel mehr allein dazustehen, als wir das jemals gewollt hatten. Gleichzeitig fand ich die Entlastungsvorschläge meines Mannes als völlig an meinem Anliegen vorbeigehend.

Er bot zum Beispiel wiederholt an, unsere Wäsche zu waschen – just die Aufgabe im Haushalt, die mir mit am einfachsten von der Hand geht, und welche mir zudem den ständig aktuellen Überblick über unsere Kleidungsbestände sichert. Wenn ich deshalb ablehnte, reagierte er mit Unverständnis, da die Wäsche *doch so viel Zeit* in Anspruch nähme. Als ich ihm das besagte Kapitel in Juuls Buch vorlas, stellten wir gemeinsam fest, dass die überwiegende Mehrheit der von Juul aufgezählten Verantwortungsbereiche von mir getragen wurden. Endlich war klar, wo unser eigentliches Problem lag.

Dieses Aha-Erlebnis eröffnete eine völlig neue Ebene des gemeinsamen Elternseins für uns. Es ist befreiend, dass wir uns bewusst entscheiden können, ob wir miteinander ein bestimmtes Thema bedenken wollen, oder ob einer von uns den Überblick behält und der andere dann erst bei der Umsetzung einsteigt. Ebenfalls können wir viel einfacher unsere Wertschätzung ausdrücken, wenn jemand sich eines komplexen Themas wirklich angenommen und dieses über einen längeren Zeitraum getragen hat.

Ich fühle mich zudem in meiner Begabung zu planen und zu organisieren mehr von meinem Mann gesehen. Gleichzeitig ist mir der Sinn dahinter klarer geworden, weshalb mein Mann in unserer Kommunikation auf einen detaillierten und ungefilterten Informationsfluss pocht. Daran störte mich vor dieser Erkenntnis häufig, dass ich von mir bereits bedachte Abläufe oder Themen für ihn noch einmal komplett neu aufrollen musste, was mich somit die doppelte Zeit und Kraft kostete. Aber da ich sehr viel meiner Arbeitszeit im Homeoffice verbringe, erreichen mich deutlich mehr Informationen als ihn – auch solche, die eigentlich in seinen Verantwortungsbereich fallen oder Themen betreffen, die wir gleichberechtigt tragen. Entsprechend reicht es in vielen Bereichen nicht aus, ihn nur mit den von mir als wichtig bewerteten Informationen zu versorgen. Partnerschaftlich getragene Verantwortung muss es ihm ermöglichen, Informationen auf seine Art einzuordnen, damit wir dann im nächsten Schritt *gemeinsam* Bewertungen vornehmen können.

BLICK IN DIE BIBEL: MARTA

> *Auf ihrem Weg nach Jerusalem kamen Jesus und die Jünger auch in ein Dorf, in dem eine Frau mit Namen Marta sie in ihr Haus einlud. Ihre Schwester Maria saß Jesus zu Füßen und hörte ihm aufmerksam zu. Marta dagegen mühte sich mit der Bewirtung der Gäste. Sie kam zu Jesus und sagte: „Herr, ist es nicht ungerecht, dass meine Schwester hier sitzt, während ich die ganze Arbeit tue? Sag ihr, sie soll kommen und mir helfen." Doch der Herr sagte zu ihr: „Meine liebe Marta, du sorgst dich um so viele Kleinigkeiten! Im Grunde ist doch nur eines wirklich wichtig. Maria hat erkannt, was das ist – und ich werde es ihr nicht nehmen."*
> *Lukas 10,38-42*

Neben den Jüngern pflegte Jesus eine enge Freundschaft zu drei Geschwistern in der Region Betanien: Marta, Maria und Lazarus. Ob Marta Kinder hatte oder nicht, erwähnen die

Evangelien nicht. Erwähnt wird jedoch, dass die Geschwister in einem Haushalt lebten, für den höchstwahrscheinlich Marta als Älteste kulturell bedingt die Hauptverantwortung trug. Dafür spricht auch die Formulierung *Martas Haus* (Lukas 10,38).[6] Interessanterweise passt die Aufgabe Martas zu ihrem Namen, denn Marta ist das hebräische Wort für *Herrin*. Da es sich um ihren Haushalt handelte, fiel ihr die Hauptverantwortung und damit die *mental load* für die Beherbergung und Versorgung der Gäste zu. Diese Pflicht setzt sie auch gewissenhaft um, denn Gastfreundschaft war und ist in der orientalischen Kultur sehr wichtig.

Nun kommt Jesus mit seinen Jüngern für mehrere Tage zu Besuch. Marta hatte also dreizehn Gäste im Haus, die es bestens zu versorgen galt. Gästen wurde zuerst die Möglichkeit gegeben, sich vom Staub und Schweiß zu säubern, was ohne fließendes Wasser ein größerer Aufwand war. Danach musste sie ganz ohne die Hilfe von Elektrogeräten oder einem Supermarkt täglich mehrere Mahlzeiten für mindestens fünfzehn Erwachsene zubereiten und zudem für alle eine Schlafmöglichkeit bieten. Kein Wunder also, dass sie gereizt reagiert, als ihr niemand hilft.

Trotzdem konfrontiert Jesus Marta sehr deutlich damit, dass diese vor lauter Pflichtbewusstsein aus dem Blick verloren hat, was in seinen Augen wirklich zählt: die Beziehung zu ihm, also Zeit mit und Aufmerksamkeit für ihn. In den meisten Auslegungen dieser Bibelstelle kommt Marta deshalb im direkten Vergleich mit ihrer Schwester Maria, die in der Zwischenzeit bei Jesus sitzt, nicht besonders gut weg.

Das natürliche Fazit, dass wir uns als Christen ein Beispiel an Maria nehmen sollten, mochte ich (Lisa-Felicitas) jedoch ehrlicherweise noch nie besonders. Vielleicht, weil ich mich natürlicherweise eher mit Marta identifizieren kann. Aber ich finde auch, dass solch ein Blick auf Marta um einiges zu kurz greift.

Denn in Jesus' Zurechtweisung ist unheimlich viel Freiheit für Marta enthalten: Jesus erlaubt ihr, mit ihrer Kultur der Gastfreundschaft zu brechen, die sie so sehr unter Druck setzt. Dabei stellt er nicht ihre Position als Hausherrin oder Gastgeberin infrage, er kritisiert weder ihre Haushaltsführung noch ihren praktischen Einsatz für ihn und seine Jünger. Er nimmt jedoch die Last von ihr, eine perfekte Gastgeberin zu sein, und ermutigt sie, ihren Gast auch zu genießen, obwohl ihr Haushalt deshalb vielleicht nicht perfekt laufen wird. Denn dass Jesus durchaus auch praktischen Einsatz fordert, zeigt Lukas in den Versen unmittelbar davor. Hier steht die Geschichte des barmherzigen Samariters, in welcher eben diejenige Person Gott und seinen Mitmenschen am nächsten ist, die einem Verletzten unmittelbare Hilfestellung gibt und sich nicht mit theologischen Spitzfindigkeiten aus der Affäre zieht (Lukas 10, 25-37).

Zudem erlebt Marta ganz Erstaunliches in ihren vielen Begegnungen mit Jesus – eben *weil* sie natürlicherweise Verantwortung übernimmt für sich und ihr Umfeld. Davon lesen wir in Johannes 11, wo beschrieben wir, dass ihr Bruder Lazarus schwer krank wird, was Marta und Maria Jesus mitteilen lassen, der sich zu dieser Zeit mehrere Tagesmärsche entfernt aufhält. Jesus weiß, dass Lazarus an der Krankheit verstorben ist, als er schließlich in Betanien eintrifft. Dort teilt man ihm mit, dass Lazarus bereits vier Tage im Grab liege (Johannes 11,17). Als die Kunde von Jesus' Eintreffen die Schwestern erreicht, geht Marta sofort Jesus entgegen, während Maria im Haus zurückbleibt – wieder ein Beispiel für die unterschiedlichen Charaktere der beiden Schwestern. Als Marta auf Jesus trifft, kommt es zu einer bemerkenswerten Unterhaltung:

Marta sagte zu Jesus: „Herr, wärst du hier gewesen,
würde mein Bruder noch leben. Aber auch jetzt
weiß ich, dass Gott dir alles geben wird, worum du
ihn bittest." „Dein Bruder wird auferstehen!", gab
Jesus ihr zur Antwort. „Ja, ich weiß", sagte Marta,
„am letzten Tag, bei der Auferstehung der Toten."
Darauf erwiderte ihr Jesus: „Ich bin die Auferstehung,
und ich bin das Leben. Wer an mich glaubt, der wird
leben, selbst wenn er stirbt. Und wer lebt und an
mich glaubt, wird niemals sterben. Glaubst du das?"
„Ja, Herr", antwortete ihm Marta. „Ich glaube, dass
du der Christus bist, der Sohn Gottes, auf den wir
so lange gewartet haben." Johannes 11,21-27

Hier offenbart Jesus Marta seine Identität als der Sohn Gottes in einer Deutlichkeit, wie man es von ihm sonst vor allem seinen Jüngern gegenüber kennt, und er erklärt ihr, genau wie seinen Jüngern davor (siehe Johannes 11,4), dass Lazarus von den Toten auferstehen werde. In einer Gesellschaft, in der Rabbiner ausschließlich Männer in die Lehre nahmen, ist das ein bemerkenswerter Moment zwischen dem Rabbi Jesus und der Frau Marta.

Kurze Zeit später erleben beide Schwestern schließlich gemeinsam, wie Jesus vor dem Grab von Lazarus darauf besteht, dass dieses geöffnet werde (Johannes 11,38 ff.). Marta, in ihrer praktischen, mitdenkenden Art, warnt Jesus davor, dass dies den Verwesungsgeruch freisetzen werde (Vers 39), woraufhin dieser ihr erklärt, dass der Glaube an ihn Gottes Macht zeigen wird. Und dann werden beide Schwestern Zeuginnen davon, wie Gott Jesus' Gebet erhört und ihr Bruder von den Toten aufersteht. Was für ein Moment, dessen Ereignisse Jesu Lehren lebendig beweist! Und Marta ist als Frau in der ersten Reihe dabei – genau wie ihre Schwester.

So verdeutlichen die Erlebnisse von Marta Jesus Wunsch, dass wir aufgrund unserer Liebe für ihn Zeit mit ihm priorisieren sollten, so wie Maria. Aber dass wir nicht nur an diesem Ort verweilen dürfen, weil tatkräftige Liebe für andere (also Einsatz für andere in der Art, wie Marta ihn zeigt) in seinen Augen genauso wichtig ist und nicht von für ihn investierter Zeit getrennt werden kann. Ist das nicht erstaunlich?

Blick auf mich – Tipps und Anregungen

Einfache Faustregeln, die ohne viel Aufwand Ordnung bringen:

» *One in – one out*: Für jedes Teil, das neu angeschafft wird, wird etwas Ungenutztes, Altes, Kaputtes aussortiert!
» *Nie mit leeren Händen gehen*: Mache es dir zur Angewohnheit, nie mit leeren Händen von einem Raum zum nächsten zu gehen. So gelingt ein Großteil der Ordnung ganz nebenbei.
» *Dinge nur einmal anfassen*: Wenn du etwas in die Hand nimmst, lege es erst ab, wenn es an seinem festen Platz angekommen ist. So vermeidest du doppelte Arbeit, sowohl beim Aufräumen als auch beim Suchen.

Im Netz findet man viele weitere Faustregeln und auch Anregungen wie wöchentliche Putzpläne, die zum Beispiel den Wochenputz in einzelne Aufgaben aufteilen und empfehlen, diese an festen Tagen zu erledigen. So muss man nicht mehr alles auf einmal schaffen. Auch eine gute Putz-Playlist kann eine erste Motivation sein. Wenn es das Budget zulässt, kann zudem eine Haushaltshilfe (auch alle zwei Wochen) hilfreich sein.

Außerdem können Abholservice und Lieferdienste von Supermärkten helfen, wenn die Zeit oder die Kraft für einen Einkauf fehlen.

Fragen zum Weiterdenken

» Wer übernimmt bei uns für was neben der praktischen auch die mentale Verantwortung?
(Auf der Seite https://equalcareday.org/mental-load/ findet man sehr hilfreiche Tests, um diesbezüglich mehr Klarheit zu gewinnen.)

» Welche Dinge benötige ich täglich? Haben diese einen festen Platz und dazugehörige Routinen, die allen relevanten Mitgliedern meines Haushalts bekannt sind?

» Funktioniert unsere Aufteilung oder benötigen wir eine neue, weil mir oder meinem Partner Dinge regelmäßig zu viel werden oder weil neue Bereiche dazugekommen sind?

» In welchen Bereichen kann ich entspannter werden, weil sie für unsere aktuelle Lebenssituation und meine alltäglichen Aufgaben keine Priorität haben?

» Welche Aufgaben bin ich bereit abzugeben an meinen Partner, auch wenn er sie vielleicht nicht auf die gleiche Art erledigt wie ich?

Krankenpflegerin sein

Hier ein kurzer Ausschnitt aus unserer Krankengeschichte, als unsere Kinder drei und fünf Jahre alt waren:

Oktober:
» Erkältung – großes Kind
» Erkältung mit Pseudokrupp – kleines Kind
» Entzündung der Nasennebenhöhlen – Mama

November:
» Infekt mit Fieber – großes Kind
» Infekt mit Fieber – Papa
» Infekt mit Fieber – Mama

Dezember:
» Infekt mit hohem Fieber – kleines Kind, 9 Tage lang
» Magen-Darm – kleines Kind, angesteckt im Wartezimmer
» Magen-Darm – Papa
» Magen-Darm – großes Kind
» Völlig kaputt – Mama und Papa
» Scharlach – großes Kind am 24.12.

Ich war in diesem Dezember völlig fertig und habe mich tatsächlich trotzdem noch gefragt, warum ich so geschafft bin.

In all dem Trubel zwischen Arbeit, Kita-Schließung wegen Personalmangel, kranken Kindern und eigener Krankheit habe ich versucht zu funktionieren und dabei die Ursache für mein inneres und äußeres Chaos nicht erkannt. Ich erinnere mich noch sehr genau an den Tag, als diese Liste entstand, denn ich bin spazieren gegangen, habe geweint und Gott mein Leid geklagt. Ich habe anschließend alle unsere Krankheiten aufgeschrieben und erst dadurch verstanden, warum ich so fertig war.

Diese Aufstellung habe ich später an einige Freundinnen geschickt und ihre Ermutigung hat mir wirklich gutgetan. Dann habe ich mich wieder in den Alltag gestürzt, denn es war ja erst Dezember und die Saison der Krankheiten war noch nicht um. Bis Ende Mai gab es noch eine zweite Runde Scharlach, Bronchitis und jede Menge Erkältungen, weshalb es in diesen Monaten keine Woche gab, in der alle gesund waren.

Im Nachhinein bin ich froh, dass unsere Kinder nie eine wirklich lebensbedrohliche Krankheit hatten und in dieser Zeit auch nicht im Krankenhaus aufgenommen werden mussten, aber es hat uns als Familie enorm viel Kraft gekostet.

Dorothée

Laut der Internetseite „Kindergesundheit.info"[7] sind acht bis zwölf Erkältungen im Jahr bei kleinen Kindern normal. Das sind ein bis zwei Infekte pro Monat in der Erkältungssaison. Bei mehreren Kindern kommen da schnell einige Krankheitstage zusammen, selbst wenn es nur ein paar Tage mit Schnupfnasen sind. Dazu gibt es noch Magen-Darm-Infekte, Mittelohrenzündungen, Läuse und so vieles mehr. Jedes kranke Kind braucht Zuwendung und Aufmerksamkeit, aber auch besondere Medikamente, spezielles Essen, frische Bettwäsche und Ablenkung bei Langeweile. So rotiert man als Mama zwischen Kinderarzt und Apotheke, zwischen

Verbandswechsel und Inhalator, zwischen Nudelsuppe und Fencheltee, zwischen dem Kind mit 40 Grad Fieber auf dem Sofa und dem fast gesunden und energiegeladenen Kind im Spielzimmer hin und her.

Es bleibt kaum Zeit für eine Pause, jede Routine geht verloren, leider auch die Zeit für einen Kaffee in der Mittagspause, und man kann nicht mehr auf gewohnte Abläufe zurückgreifen. Der Müll stapelt sich in der Wohnung, die Wäscheberge wachsen und der Fußboden ist voll mit Krümeln oder Tierhaaren.

Begleitet wird dieses äußere Durcheinander oft mit innerem Chaos. Man macht sich Sorgen um das Kind, hat Angst vor einer Verschlechterung oder vor einer neuen Infektion, vor der im Kindergarten schon am Aushang gewarnt wird. Auch der Gang zum Kinderarzt kann zur Belastung werden. Einerseits ist man besorgt um sein Kind und möchte sich absichern, dass es nur ein Husten und keine Lungenentzündung ist. Andererseits muss man sich beim tatsächlich stundenlangen Warten im Wartezimmer auf neue Infekte einstellen, die man dann mit nach Hause nimmt. Man lernt in dieser Zeit eine Menge über Hausmittel und der Umfang der Hausapotheke wächst innerhalb weniger Wochen nach der Geburt des ersten Kindes auf ein Vielfaches an.

Aber nicht nur die kranken Kinder beschäftigen eine Mama in dieser Zeit. Das schlechte Gewissen der Arbeit gegenüber klopft an und man ärgert sich, dass man schon die dritte Verabredung mit der Freundin verschieben muss. Seinen Partner sieht man nur kurz zum Abendessen, weil man danach völlig erschöpft ins Bett geht, um zumindest ein paar Stunden Schlaf zu bekommen, bevor das erste Kind um 23 Uhr mit einem Fieberkrampf aufwacht. Dazu kämpft man vielleicht selbst gegen einen Infekt und hält sich nur mit Medikamenten über Wasser. Diese angespannten Ausnahmesituationen halten in der Regel nur ein paar Wochen, vielleicht einige Monate an, doch für Mamas mit chronisch kranken Kindern sind sie zuweilen *normaler* Alltag.

In diesen Zeiten reduziert sich das Leben auf das absolut Wesentliche und unsere Prioritäten werden sichtbar. Prioritäten ändern sich im Laufe eines Lebens immer wieder und meine Prioritäten als Frau ohne Kinder waren ganz andere als nach der Geburt der Kinder. So richtig bewusst geworden ist mir diese Verschiebung aber erst mit kranken Kindern. War ich vorher krank, ging meine Gesundheit in den allermeisten Fällen vor. Ich habe mich krankgemeldet und mich erholt. Diese Möglichkeit habe ich als Mama nicht mehr. Besonders wenn die Kinder ebenfalls krank sind, hat ihre Versorgung und ihre Gesundheit Vorrang auch vor meiner eigenen Genesung und auch vor meiner Zeit für mich oder vor meiner Zeit mit Gott.

Lange dachte ich, dass diese fehlende Zeit mit Gott der Grund für meine Müdigkeit und Kraftlosigkeit sei. Ich war überzeugt, Gott würde mich mit Kraft segnen, aber ich müsste sie mir bei ihm abholen. Meiner Meinung nach läge es an mir, in meinem Alltag Platz für Gott zu schaffen, damit er eingreifen könne. Im Grunde wollte ich Gott mit meiner Zeit für sein Eingreifen *bezahlen*, denn solange ich Gott nicht an die oberste Stelle in meinem Leben setzen und ihm dies mit meiner Zeit zeigen würde, könnte ich von ihm auch nichts erwarten.

Jetzt kommt es mir albern vor zu denken, dass Gott von einer kranken Mama mit kranken Kindern auch noch eine Stunde stille Zeit am Tag erwartet. Dabei ist es doch Gottes Idee gewesen, dass kleine Menschen ganz hilflos auf die Welt kommen und auf unsere Fürsorge und Pflege angewiesen sind. Und doch steht in der Bibel immer wieder, dass wir uns zuerst nach Gott ausrichten sollen.

Wie kann dieses Dilemma also aufgelöst werden? Wie wäre es, Gott einfach gar nicht *auf* irgendeine Position unserer Wichtigkeitslisten zu stellen, sondern *daneben*. Jesus hat uns seinen Heiligen Geist gegeben, damit er immer und in allen Lebensbereichen bei uns sein kann, in unserem Alltag, in Krankheit und Schwäche genauso wie in guten, fröhlichen Zeiten. Durch den Heiligen Geist nehmen wir Gott in jeden Bereich unseres Alltags hinein und er erinnert uns immer wieder an seine Gegenwart, zum Beispiel durch kurze Gebete oder Lieder, kurzes Innehalten oder das Erinnern an eine Bibelstelle. Dadurch ist er ständig präsent und wir sind immer in Beziehung mit ihm.

Aus dieser Beziehung heraus versorgt er uns mit all dem, was wir brauchen. Er gibt als liebender Vater gern und erwartet nicht, dass wir ihn anbetteln oder mit guten Argumenten von seinem Eingreifen überzeugen müssen.

BLICK IN DIE BIBEL: KLEINE KRAFTQUELLEN

Die Bibel spricht immer wieder davon, die Menschen zu erfrischen und mit neuer Kraft auszustatten. Wenn wir diese Stellen mit in unseren Alltag nehmen, dann können sie uns Mut machen oder dabei helfen durchzuhalten. Sie zeigen uns, dass Gott es gut mit uns meint, auch wenn der Alltag manchmal ganz anders aussieht.

Mit dir kann ich ganze Armeen zerschlagen,
mit dir überwinde ich jede Mauer. Psalm 18,30

Das klingt wunderbar, regelrecht nach Superkräften. Wie großartig wäre es, stärker als eine ganze Armee zu sein, wenn man kaum die Kraft für einen Tag zu haben scheint.

Oder wie krass ist die Vorstellung, scheinbar unüberwindbare Mauern bestehend aus Ängsten oder Unsicherheiten einfach überspringen zu können. Doch das schaffen wir nicht allein, sondern nur mit Gott gemeinsam.

In schweren Zeiten können wir uns darauf verlassen, dass Gott auf unserer Seite steht. Er sorgt sogar dafür, dass Hindernisse aus dem Weg geräumt werden. Das können behördliche Probleme sein oder Streitigkeiten in der Familie. Auch Schwierigkeiten mit dem Arbeitgeber oder finanzielle Engpässe sieht Gott und lässt uns mit ihnen nicht allein.

Er ist wie ein Baum, der am Flussufer wurzelt und Jahr für Jahr reiche Frucht trägt. Seine Blätter welken nicht, und alles, was er tut, gelingt ihm. Psalm 1,3

Diese Zusage verspricht uns, dass unsere Erziehung gelingen wird und unsere Kinder wohlgeraten werden, wenn wir uns an Gott halten. Auch auf unsere Arbeit lässt sich der Vers beziehen. Wir werden gute Arbeit leisten und sind gleichzeitig fit und ausgeglichen. Leider sieht unser Alltag nicht immer so aus. Aber der Vers spricht auch von seiner Zeit, nicht von immer und sofort. Auch ein Baum muss manchmal eine Dürre aushalten, und das wird er auch, denn er steht ja direkt am Wasser. Sobald es wieder fließt, erholt er sich schnell. Er ist ein Baum, kein Grashalm, der sofort eingeht. Auch wenn wir uns manchmal mehr wie Halme fühlen, sagt uns diese Stelle ganz deutlich, dass Gott uns als Bäume sieht, die fest stehen und durchhalten.

Doch die, die auf den Herrn warten, gewinnen neue Kraft. Sie schwingen sich nach oben wie die Adler. Sie laufen schnell, ohne zu ermüden. Sie gehen und werden nicht matt. Jesaja 40,31

Ein Adler hat, wie viele andere große Vögel, eine besondere Flugtechnik. Er segelt auf warmen Luftschichten und lässt sich von der Luftströmung tragen. Seine Flügel bewegt er nur, wenn es unbedingt sein muss. Dadurch kann er viele Stunden am Stück fliegen, ohne dafür viel Kraft aufzuwenden. Genau wie ein Adler auf der warmen Luft segelt, können wir uns von Gottes Liebe und Fürsorge tragen lassen. Doch selbst ein Adler benötigt ausreichend Zeit, um nach seinen Streifzügen zu schlafen und zu fressen. Genauso dürfen wir uns genügend Zeit nehmen, um nach anstrengenderen Lebensphasen oder auch intensiven Höhenflügen neue Kraft zu tanken.

Ich bin der Weinstock; ihr seid die Reben. Wer in mir bleibt und ich in ihm, wird viel Frucht bringen. Denn getrennt von mir könnt ihr nichts tun.
Johannes 15,5

Nicht wir als Reben produzieren Kraft oder was uns sonst fehlt, vielmehr ist es die Aufgabe des Weinstocks, uns mit allem ausreichend zu versorgen. Auch sorgt er dafür, dass die Rebe an ihm bleibt. Nur wenn eine Rebe aktiv getrennt wird, verliert sie die Verbindung zum Weinstock. Jesus sagt uns hier zu, dass er uns mit dem füllt, was wir brauchen. Wir müssen dazu zwar in seiner Nähe sein, also in Gemeinschaft mit ihm, aber er stellt keine Bedingungen an diese Gemeinschaft. Er erwartet keine drei Lobpreislieder am Tag, keine durchgelesenen Bibelkapitel oder mindestens dreißig Minuten Gebet. All diese Dinge sind nicht verkehrt und dürfen gerne sein, aber sie sind nicht die Bedingung für seine Fürsorge. Im Gegenteil: Die Grundlage unseres Seins ist die Verbindung zu ihm.

Gott sagt zu seinem Volk: „Ich selbst werde euch
trösten, wie eine Mutter ihr Kind tröstet."
Jesaja 66,13a

Wir als Mütter dürfen uns bei Gott immer wieder seiner Fürsorge für uns bewusst sein, wenn wir im Alltagschaos ver-
sinken. Er wird uns trösten, wenn wir verzweifelt oder erschöpft sind. Er wird uns versorgen, wenn wir zwischen
all den Kinderklamotten eigentlich auch mal wieder eine
neue Hose brauchen. Und er wird uns halten und stärken,
wenn wir nach vielen schlaflosen Nächten kaum noch stehen können.

Du Elende, von Stürmen Gebeutelte, du Ungetröstete!
Ich werde deine Mauern auf Edelsteine stellen und
dich auf einem Fundament aus Saphiren wieder-
aufbauen. Die Türme deiner Mauern baue ich aus
funkelnden Rubinen, deine Tore aus leuchtend rot
schimmernden Steinen und dein ganzes Stadtgebiet
aus kostbaren Steinen. Jesaja 54,11 und 12

In besonders schweren Zeiten fühlen wir uns schwach, vom
Leben hin und her geworfen und angreifbar. Manchmal finden wir keine Worte oder haben keine Tränen, so hart hat
uns das Leben getroffen. Gott weiß um diese Not und re-
det sie nicht klein, sondern er benennt sie klar und deutlich.
In all dem Chaos spricht er uns Trost, aber auch Sicherheit
und Stabilität zu. Gott hilft uns, wieder festen Boden unter
den Füßen zu bekommen und unser Innerstes zu festigen.
Er hilft uns auch, unser Herz zu schützen, so wie eine Stadt
durch ihre Tore kontrolliert, was in sie hineinkommt. Und
dabei gibt er uns all unsere Schönheit und den Wert zurück,
den wir in seinen Augen haben.

Jedes Mal sagte er: „Meine Gnade ist alles, was du
brauchst. Meine Kraft zeigt sich in deiner Schwäche."
Und nun bin ich zufrieden mit meiner Schwäche,
damit die Kraft von Christus durch mich wirken kann.
2. Korinther 12,9

Gottes Gnade ist oft für uns nicht mehr als ein abstrakter Begriff. Was ist also damit gemeint? Seine Gnade beinhaltet alle seine Versprechen an uns, uns zu helfen und zu versorgen. Das wiederum bedeutet, dass er gerade dort helfen kann, wo wir an unsere Grenzen kommen. Das kann zum Beispiel bei der Erziehung unserer Kinder sein, weil uns vielleicht gerade Zeit mit ihnen oder die Geduld fehlt. Aber wir müssen keine Angst haben, in dieser Schwäche unsere Kinder nicht gut auf das Leben vorbereiten zu können. Genau in diesen Herausforderungen möchte Gott uns begegnen, denn unsere Kinder sind zuallererst seine Kinder. Als liebender Vater gibt er auf sie acht, wenn wir es nicht schaffen.

Diese Zusagen zeigen alle: Wir dürfen uns trauen, unsere Grenzen zu erreichen und sie zu formulieren. Das Wissen um Gottes Güte setzt uns frei, Entscheidungen zu treffen, deren Folgen wir nicht immer absehen können. Gott ist stets auf unserer Seite und hält uns unsere Fehler nicht vor. Vielleicht machen wir nicht alles richtig, setzen manchmal Prioritäten falsch. Aber Gott kennt unseren Charakter und weiß um unsere Bedürfnisse, Nöte und Talente. Darum wird er uns helfen, einen Weg zu gehen, der zu uns und zu unserer Familie passt. Das können manchmal auch unkonventionelle Lösungen sein.

BLICK NACH INNEN: DIE KRAFTAMPEL

Eine der großen Herausforderungen als Mama ist es, die eigenen Bedürfnisse gegen die der anderen (kleinen) Familienmitglieder abzuwägen und miteinander in Einklang zu bringen. Was kann also dabei helfen, besser auf die eigenen Grenzen und Gesundheit zu achten?

Für mich persönlich (Lisa-Felicitas) war es ein Durchbruch, als ich mir im Rahmen meiner Psychotherapeutinnenausbildung einmal einen ganzen Nachmittag Zeit nehmen musste, um mich mit meinen Ressourcen, Kraftquellen und Grenzen auseinanderzusetzen. Ein Durchbruch war es deshalb, weil ich feststellte, dass ich zwar sehr gut beschreiben konnte, was mir guttut und wie es ist, wenn es mir gut geht und ich ausreichend Energie für den Alltag habe. Ebenso gut konnte ich beschreiben, woran ich und andere merken, wenn ich ausgelaugt und kraftlos, vielleicht auch schon länger ziemlich ausgebrannt bin, wenn es also eigentlich schon zu spät war.

Allerdings stellte sich heraus, dass ich für die Beschreibung des Bereichs dazwischen ziemlich blank war. Gleichzeitig wurde mir klar, dass es aber genau auf diesen Bereich ankommt, wenn es darum geht, gut mit meinen Kräften zu haushalten. Denn: Zeiten, in denen wir mehr Kraft aufwenden, als wir durch Erholung zurückgewinnen, kommen regelmäßig im Leben einer Mama vor. Wenn diese nur ein paar Tage andauern oder wir gerade kräftetechnisch aus dem Vollen schöpfen können, steckt Mama solche Phasen (ähnlich wie den Schlafmangel während der Stillzeit) ganz gut weg. Macht man sich allerdings nicht bewusst, dass man am Ende solch einer Phase insgesamt weniger Kraft im Tank hat als vorher und deshalb die Erleichterung über zum Beispiel eine überstandene Krankheit allein diese Kraftlücke nicht auffüllen wird, rutscht man unweigerlich und unbemerkt über die Zeit in eine immer größere Erschöpfung.

Meine Unbedarftheit und Unsensibilität für diesen mittleren Kraftbereich hatte deshalb die Konsequenz, dass ich eigentlich immer erst viel zu spät die Notbremse gezogen habe. Dabei wäre ein früheres Gegensteuern möglich gewesen. Zumal zu einem früheren Zeitpunkt echte Erholung viel weniger Zeit und Aufwand benötigt hätten als ein Gegensteuern aus einem Zustand offensichtlicher Kraftlosigkeit heraus.

Aus den vielen Übungen, die wir an dem besagten Nachmittag durchführten, möchte ich deshalb eine mit dir teilen, die man auch in weniger Zeit (und ohne die Anleitung einer erfahrenen Therapeutin) gut machen kann. Ich nenne sie „Die Kraftampel" und du brauchst dafür entweder ein großes Blatt Papier (DIN A3) oder drei kleinere sowie drei Stifte oder Textmarker in den Farben Grün, Gelb/Orange und Rot.

Beschreibe nun in einem ersten Schritt die drei Ampelphasen mithilfe unten stehender Hinweise. Versuche dabei sowohl zu notieren, welche Gefühle für dich während dieser Phase vorherrschen, als auch, welche Gedanken für dich in dieser Phase typisch sind. Ergänze außerdem Dinge, anhand derer man erkennen kann, dass du dich gerade in dieser Phase befindest. Dinge, die du zum Beispiel typischerweise tust und wie du mit anderen umgehst. Tipp: Manchmal hilft es, dazu seine beste Freundin und den eigenen Ehemann zu befragen, um weitere Dinge zu ergänzen.

Grüne Phase: Du bist fit und ausgeschlafen und vielleicht gerade aus einem erholsamen Urlaub zurückgekommen. Du kannst für deine Aufgaben und Verantwortungen aus vollen Krafttanks schöpfen und es geht dir emotional, körperlich und geistlich gut. In diesem Bereich besteht mindestens ein Gleichgewicht aus Dingen, für die du Kraft aufwenden musst, und Dingen, die dich eher Kraft kosten, im Idealfall überwiegen Kraftquellen. Vielleicht erlebst du aber auch insgesamt mehr Dinge, die dir Kraft schenken. Sicherlich ist dein Alltag überwiegend geprägt von Freude, Leichtigkeit und Dankbarkeit.

Gelbe Phase: Du wendest mehr Kraft auf, als du wieder gewinnst. Zwar erlebst du in unregelmäßigen Abständen Dinge, durch die du auftankst, und gehst deshalb nicht auf dem Zahnfleisch. Insgesamt ist es aber doch so, dass du Stück für Stück eher Kraft verlierst und so langsam, aber sicher in die Erschöpfung rutschst. Manchmal ist das auch schon ersichtlich, weil du hektische Phasen im Alltag nicht so gut meisterst, wie du das eigentlich könntest oder wolltest. Ein anderer Hinweis könnte sein, dass du zugunsten von Erholung Dinge nicht mehr machst, die dir eigentlich guttun, und abends mit dem Gefühl ins Bett fällst, den ganzen Tag nur von einer Sache zur nächsten gerannt zu sein.

Rote Phase: Dir ist eigentlich schon alles zu viel. Du schaffst wahrscheinlich deinen Alltag trotzdem irgendwie, aber was du dir wirklich wünschen würdest, ist, dass dir mal jemand für einige Zeit alle Verantwortung und Aufgaben abnehmen würde, damit du dich erholen kannst. Wenn du dann mal etwas Schönes erlebst, bringt das leider in Bezug auf deine Erschöpfung keinen richtigen Unterschied mehr, weil es wie der berühmte Tropfen auf den heißen Stein wirkt. Vielleicht machen dir Dinge auch gar keine Freude mehr, die du sonst so gern gemacht hast. Kurz: Deine Krafttanks sind chronisch leer und außer Anspannung, Erschöpfung und negativen Emotionen gibt es wenig, woran du dich freuen kannst.

Nun folgt der zweite Schritt dieser Übung: Gehe einmal deine Woche von Montag bis Sonntag in Gedanken durch und notiere dir auf einem neuen Blatt Papier alles, wofür du zuständig bist und was du an Aufgaben, aber auch an schönen Terminen so in einer Woche erledigst und erlebst. Wahrscheinlich ist es hilfreich, dafür deinen Kalender zur Hand zu haben. Sei so konkret wie möglich.

Wenn du eine solche Liste erstellt hast, markierst du nun jeden Punkt darauf entweder mit einem

» *Plus* gleich Kraftquelle, was bedeutet, dass es dir Freude macht, geht leicht von der Hand, du tankst dabei auf,
» *Minus* gleich Krafträuber, was bedeutet, dass es dich Kraft kostet, du es als Pflicht empfindest, du mehr gibst, als du bekommst,
» *Kreis* gleich neutral, was bedeutet, dass es zu deiner Routine gehört, es manchmal anstrengender, mal weniger anstrengend ist.

Nun hast du eine Grundlage, um deine letzte Woche, aber auch einzelne Tage in die Ampel einzuordnen. Sei dabei vor allem sehr ehrlich mit dir selbst. Frage dich, wo du grade stehst. Besteht eine gute Balance? An welchen Tagen ist es dir gelungen, auf deine Grenzen zu achten, an welchen nicht so gut? Was hättest du anders machen können, damit die Woche besser verlaufen wäre? Wo könntest du in der nächsten Woche mehr Freiräume einplanen? Zusätzliche Gedanken zum Weiterdenken findest du am Ende des Kapitels.

BLICK AUF MICH – TIPPS UND ANREGUNGEN

Hier ein paar Tipps, wie es mit den eigenen Pausen leichter gelingen kann:

Lisa-Felicitas: Trotz bester Planung passiert es im Alltag immer wieder, dass sich Erholungsphasen einfach in Luft auflösen oder dass eigentlich schöne Verabredungen oder Termine Druck auslösen. John und Staci Eldredge prägten passend dazu den Begriff „Defend Margin" (engl.: entweder „Schutzwall" oder „verteidige Freiraum"), der mich seitdem begleitet. Es geht darum, sich im Kalender Freiräume für Unvorhersehbares einzuplanen und diese auch bewusst frei zu halten. Defend Margin steht für mich seitdem für den Mut zur Lücke in meinem Kalender.

An einem Tag von sieben pro Woche ruhte sich übrigens auch Gott einfach aus. Ich stehe in dieser Hinsicht noch mitten im Lernprozess, aber ich bin dankbar, dass es mir mittlerweile besser gelingt, meiner eigenen Familie und Gesundheit eine höhere Priorität einzuräumen, egal, was andere von mir denken könnten. Gleichzeitig durfte mit mehr Lücken auch wieder mehr Spontanität und damit mehr Überraschung und Abenteuer in mein Leben einziehen – alles Dinge, die mir sehr viel Kraft und Freude bereiten!

Dorothée: In den ersten Jahren mit meinen Kindern habe ich jede freie Minute genutzt, um zu schlafen. Ich habe meinen kranken Kindern Videos an- und zwanzig Minuten die Augen zugemacht, weil mir das als Mutter, aber auch mir als Frau einfach am meisten geholfen hat. Ich habe mich manchmal darüber geärgert, dass ich meine kostbare freie Zeit nicht für andere Dinge nutzen konnte, doch es war meine beste Kraftquelle in diesen Jahren.

Fragen zum Weiterdenken

» Was würde mich mit kranken Kindern wirklich entlasten?
» Wen könnte ich um Hilfe bitten?
» Welche Bereiche nehmen im Moment viel Platz in meinem Leben ein?
» Wie kann ich diese Bereiche nach Prioritäten ordnen?
» Wozu (oder auch zu wem) darf ich in Zukunft Nein sagen?
» Wo kann ich auftanken?
» Wann kann ich bewusst regelmäßige Lücken in meinen Kalender einplanen?
» Welche Bibelstelle möchte ich mit in den Alltag nehmen?

(Ehe-) Partnerin sein

Bevor wir Kinder hatten, wurde uns von jungen Eltern ständig gesagt, wie gut wir es hätten, weil wir am Wochenende lange schlafen können. Wir haben beide gerne ausgeschlafen und uns dann morgens mit allem viel Zeit gelassen. Wir hatten überhaupt keine Vorstellung davon, was dauerhafter Schlafmangel bedeutet, weder für uns als Person noch für uns als Paar. Aber bald nach der Geburt der Jungs haben auch wir die Erfahrung gemacht, mehrmals in der Nacht aufzustehen und den Tag trotzdem um 5:34 Uhr zu starten. Das Verabschieden dieser lieb gewordenen Gewohnheit des Ausschlafens und der ruhige Start in das Wochenende hat uns als Paar gefehlt. Der Austausch über die Woche, das Pläneschmieden für den Tag, das Diskutieren über aktuelle Nachrichten oder auch spontaner Morgensex, alles war jetzt nicht mehr möglich.

Dorothée

Meinen Mann kenne ich seit der Grundschulzeit und in der Oberstufe sind wir ein Paar geworden. Nach dem Studium haben wir geheiratet und sieben Jahre später kam unser erstes Kind zur Welt. So hatten wir eine lange Zeit zu zweit, hatten bereits einige Höhen und Tiefen hinter uns und kannten unsere Vorlieben, Macken und Stimmungen ziemlich gut.

Wir haben sehr unterschiedliche Interessen, und doch haben wir mit den Jahren viele Gemeinsamkeiten gefunden, die wir in unser Leben eingebaut haben.

Als wir uns entschieden haben, Kinder zu bekommen, haben wir uns keine Gedanken darüber gemacht, was das für uns als Paar bedeuten wird: Unser Alltag hat sich vollständig verändert, alte Rhythmen und Rollen waren auf einmal bedeutungslos.

Bis die Kinder selbstständig sind, ist Veränderung ein stetiger Begleiter. Die erste Elternzeit endet, es wird ein weiteres Geschwisterchen geboren, auch ein Umzug oder der Wechsel von der Tagesmutter in die Kita bringen den Alltag durcheinander. Manche Frau mag das, sie freut sich über das Abenteuer und die wechselnden Möglichkeiten, andere stresst es sehr, sich immer wieder auf neue Umstände einzustellen.

Neben den äußerlichen Umgestaltungen entwickelt man sich auch innerlich durch die Geburt des Kindes weiter. Mein Mann schätzt beispielsweise meine rationale und pragmatische Art. Durch die Geburt der Jungs habe ich jedoch in vielen Situationen gefühlsbetont und impulsiv reagiert, was wir beide von mir nicht kannten. Die Veränderungen in mir und meiner Umwelt gingen schneller, als ich mich anpassen konnte. Wenn ich mich schon kaum wiedererkannte, wie sollte es dann mein Mann tun?

Es hat lange gedauert, mich und mein neues Mama-Ich besser kennenzulernen und dabei auch meine Gefühle und Konflikte zu formulieren. Doch mit meinem Mann konnte ich sie anfangs trotzdem nur selten teilen, denn wir hatten dasselbe Problem wie viele junge Eltern: die fehlende Zeit zu zweit als Paar.

Selbst kleinere Meinungsverschiedenheiten ziehen sich über Wochen hin, weil keine Zeit für ein klärendes Gespräch gefunden wird. Die Unterhaltungen sind kurz, drehen sich um den Alltag und haben einen gereizten Ton, die ständige Müdigkeit tut ihr Übriges. Als Mutter neidet man dem Partner vielleicht unbewusst die Freiheit, die er hat, wenn er zur Arbeit geht und sich mit anderen Menschen und Themen als Haushalt und Kinder befassen kann. Man ist frustriert, wie chaotisch der Haushalt aussieht und wie wenig Zeit man schon allein für die Körperpflege oder zum Essen hat.

Der Mann wiederum versteht die Müdigkeit und Abgespanntheit seiner Frau nicht, wo sie doch den ganzen Tag zu Hause ist und sich *nur* um ein kleines, schlafendes Baby kümmern muss. Gleichzeitig sieht er seinen Einsatz für die Versorgung der Familie nicht gewürdigt oder wünscht sich wieder mehr Intimität, während die Frau über jede Minute froh ist, in der sie ihren Körper (in dem sie sich gerade fremd fühlt) ganz für sich hat.

All diese unausgesprochenen Vorwürfe, unerfüllten Bedürfnisse und das Chaos passen so gar nicht zu dem Bild, was man sich vielleicht von der ersten Zeit mit Baby gemacht hat. Es sieht alles nicht so aus, wie man es auf Social Media gesehen hat, und fühlt sich nicht so lieblich und kuschelig an, wie man es erhofft hat. Realität und Erwartungen an die ersten Wochen und Monate mit Kind weichen unglaublich weit voneinander ab, was zu Frust, aber auch zu Selbstzweifeln führen kann.

Oft tauchen Fragen auf wie: „Habe ich als Mama, haben wir als Paar etwas falsch gemacht?" oder „Wieso funktioniert es bei den anderen Familien besser?" Diese Fragen führen nicht zu Lösungen, sie verstärken eher die Unsicherheit. Weil jede Familie, jedes Paar anders ist, hat es auch andere Herausforderungen zu bewältigen. Die eigentliche Frage sollte darum lauten: „Was brauchen wir gerade als Paar und als Familie?"

Mich hat schon das Organisieren eines Babysitters über meine Belastungsgrenzen gebracht, sodass es lange Zeit nichts mit einem gemeinsamen Abend im Kino oder Restaurant geworden ist. Am Anfang hat es mich frustriert, aber dann haben wir gemerkt, dass es für uns gar nicht eine romantische Date Night mit Essen, Theater und Sex sein muss. Ein gemeinsamer Abend auf dem Sofa mit zwei Stunden Ruhe am Stück war für uns ein erster, realistischer Schritt hin zu mehr Zweisamkeit. Auch bei einem Spaziergang zwanzig Minuten ungestört zu reden, macht viel aus, wenn sonst nur Trubel herrscht.

Es ist unglaublich wichtig, dass das Paar selbst schaut, was ihm guttut und wie es in der Kommunikation bleibt. Denn damit man unabhängig vom Elternsein auch Paar bleibt, muss in die Partnerschaft investiert werden. Redeanlässe unabhängig von den Kindern sind darum unabdingbar, sie tragen dazu bei, den Partner als solchen wahrzunehmen und ihn nicht nur als Vater der Kinder zu sehen.

Es hat mir geholfen, täglich am Handy ein paar Schlagzeilen in den Nachrichten oder von Blogs zu überfliegen, die nichts mit Kindern zu tun hatten. Auch mein Mann hat sich über das eine oder andere informiert und so konnten wir jeden Tag ein paar Minuten über Dinge sprechen, die uns ganz allgemein interessiert haben. So verliert man außerdem die eigenen (und gemeinsamen) Interessen und Hobbys nicht ganz aus dem Blick, selbst wenn sie im Moment wenig Aufmerksamkeit bekommen.

Ein weiterer Bereich, der wenig Beachtung bekommt, ist Sexualität. Durch Intimität kann sich ein Paar auch ohne viele Worte nah sein. Dass Kinder Einfluss auf die gelebte Sexualität der Eltern haben, ist sicher jedem klar. Das beginnt schon in der Schwangerschaft, wenn manche Paare den Sex als besonders intensiv erleben, andere zum Schutz des Kindes oder aus Unsicherheit auf Geschlechtsverkehr verzichten, wobei der Verzicht auf Geschlechtsverkehr nicht gleichbedeutend mit einem Verzicht auf Zärtlichkeit ist.

Viele Frauen brauchen nach der Geburt eine gewisse Zeit, um sich wieder auf diese Intimität einzulassen. Eventuelle Geburtsverletzungen müssen abheilen, bei stillenden Mamas sind zudem die Brüste am Anfang sehr empfindlich und schmerzen. Auch der ständige Körperkontakt mit dem Kind wird mancher Mama irgendwann zu viel und sie sehnt sich danach, wieder selbst über ihren Körper zu verfügen. Dazu kommt die Erschöpfung durch die Geburt und die Müdigkeit vom nächtlichen Aufstehen.

Außerdem verändert sich je nach Konstitution und abhängig von den Genen der Körper der Frau durch die Schwangerschaften dauerhaft. Sie muss sich jetzt an einen neuen Körper gewöhnen, der ihr oft nicht so attraktiv erscheint wie vor der Schwangerschaft. Ich habe zum Beispiel sehr viele und breite Schwangerschaftstreifen, sodass mein Bauch auch mit viel Sport und tollster Ernährung nie wieder wie vorher sein wird. Ich habe den Verlust meines alten Körpers tatsächlich ein bisschen betrauert, was gut war, denn ich habe mich dabei von dem verlorenen Ideal verabschiedet.

Dank einer Vielzahl von Videos habe ich meinen neuen Figurtyp besser kennengelernt und zahlreiche Tipps für einen Kleidungsstil bekommen, der zu mir passt. Da ich mich sowieso neu einkleiden musste, habe ich mir nach und nach eine schöne, aufeinander abgestimmte Garderobe aufgebaut, was mir viel Spaß gemacht hat. Diese Freude über mein neu gefundenes Äußeres hat sich auch auf mein gesamtes Körpergefühl und damit auch auf meine Lust auf Sexualität übertragen. Eine Empfehlung ist, dass der Startschuss für Intimität von der Frau ausgehen sollte. So weiß der Partner, woran er ist, und muss nicht immer wieder vergeblich hoffen.

Was dabei unter Intimität fällt, kann bei jedem Paar unterschiedlich aussehen, für einige ist Kuscheln schon zu viel Nähe, bei anderen geht es konkret um Geschlechtsverkehr. Auch hier ist es wichtig, immer wieder ins Gespräch zu kommen und Wünsche oder Ideen konkret zu äußern. So können kleine Schritte aufeinander zu gegangen werden, denn vielleicht ist Kuscheln und Küssen an einem Tag okay, an einem anderen doch zu viel.

Wir haben beobachtet, dass vielen Frauen das Sprechen über ihre sexuellen Wünsche schwerfällt. Vielleicht liegt es an einer falsch verstandenen Religiosität, die Wörter wie Oralverkehr, Petting oder Sexspielzeug nicht für angemessen oder moralisch vertretbar hält. Wir möchten Frauen dazu ermutigen, sich mit ihren eigenen Wünschen zu beschäftigen und dann über diese Bedürfnisse, aber auch über ihre Befürchtungen mit ihrem Partner zu sprechen und sich bei Bedarf Hilfe von einer Seelsorgerin oder Freundin zu holen.

BLICK NACH INNEN: GEWALTFREIE KOMMUNIKATION NACH ROSENBERG

Wie auch Dorothée brachte mich (Lisa-Felicitas) das Mamasein in der Kleinkindphase an meine absolute Belastungsgrenze – und darüber hinaus auch oft genug unsere Ehe. Mein Mann nutzte zu dieser Zeit häufig das Bild, dass wir ständig an unterschiedlichen Seiten einer gemeinsamen Decke zögen, welche einfach zu klein für uns alle sei und deshalb immer etwas hervorschaue. Damit beschrieb er völlig zutreffend unser Lebensgefühl als junge Familie – unsere zeitlichen, kräftetechnischen, emotionalen und finanziellen Ressourcen schienen ständig zu knapp.

Nur zu gern nahm ich deshalb die Einladung auf eine mehrtägige christliche Mutter-Kind-Freizeit an, wo uns eine spannende Referentin ein Werkzeug vorstellte, das ich beruflich eigentlich schon länger in meinem Werkzeugkasten mit mir herumtrug: Die Gewaltfreie Kommunikation nach Rosenberg (GfK).

Ich bin keine ausgebildete Trainerin und es gibt Unmengen an Kursen und Angeboten, die die GfK vermitteln, in die sich dieses Buch nicht einreihen möchte. Ich möchte die Methode trotzdem vorstellen, weil der Kern der GfK darin liegt, sich zuerst der eigenen Gefühle und (unerfüllten) Bedürfnisse bewusst zu werden und diese dann dem anderen auf eine Weise erklären zu können, die keinen Angriff, sondern eine Einladung darstellt. Kurz: Für mich war sie ein Weg aus dem Eindruck heraus, immer zu kurz zu kommen, hin zu einem ganz konkreten, nachvollziehbaren Kommunizieren meiner Grenzen und Wünsche. Für mich war es der Durchbruch, innerhalb der ständig zu knappen Ressourcen mit meinem Mann zusammen zu priorisieren, welchem Mangel wir uns zuerst widmen sollten, um für Entspannung zu sorgen.

Wie funktioniert das also genau? Die GfK benennt vier Schritte, die für eine wertschätzende, aufrichtige Kommunikation notwendig sind:

Im *ersten* Schritt geht es darum, die eigene Wahrnehmung neutral und ohne Bewertungen zu beschreiben. Aus welchem Grund ist das sinnvoll? Ganz einfach, weil ein Vorwurf immer dazu führt, dass das eigene Anliegen vom anderen weniger bereitwillig aufgenommen wird. Somit ist das Ziel dieses ersten Schritts, so genau wie möglich zu nennen, was unsere Sinne wahrgenommen haben – ohne etwas

davon schon zu deuten oder zu bewerten. Statt beispielsweise zu sagen: „Du bist total unfair", könnte die Alternative lauten: „Du hast gerade gesagt, es sei meine Schuld, dass
die Kinder übermüdet sind, weil ich das Abendessen nicht
früher fertig hatte."

Im *zweiten* Schritt wird dieser Wahrnehmungsbeschrei-
bung dann das bei mir ausgelöste Gefühl hinzugefügt. Um
im obigen Beispiel zu bleiben, könnte mein nächster Satz
also sein: „Deine Schlussfolgerung macht mich wütend!" An
dieser Stelle direkt das eigene Gefühl zu benennen, hilft meinem Gegenüber, mich besser zu verstehen. Denn Gefühle
sind absolut wertvolle Hinweise darauf, was in mir vorgeht
und was ich brauche. Somit öffnet der zweite Schritt quasi
die Tür dafür,

im *dritten* Schritt zu formulieren, worum es mir wirklich
geht. Jetzt darf ich mein eigentliches Bedürfnis benennen.
Das könnten in unserem bisherigen Beispiel verschiedene
sein. So wäre es denkbar, dass ich mir eigentlich Unterstützung gewünscht hätte von meinem Mann. Oder dass ich in
seiner Aussage Wertschätzung beziehungsweise Verständnis für meine daheim geleistete Arbeit vermisse. Folglich
könnte ich sagen: „Deine Schlussfolgerung macht mich wütend, weil mir Wertschätzung/Verständnis für die vielen
Aufgaben hier daheim wichtig ist!" Oder: „Deine Schlussfolgerung macht mich wütend, weil ich heute Nachmittag
keinerlei Unterstützung hatte."

Im *vierten* Schritt ergänzt man dann noch eine Bitte.
Diese sollte positiv formuliert sein, so konkret wie möglich
ein Verhalten benennen und dem anderen dabei die Freiheit
lassen, auch Nein sagen zu dürfen. In unserem Beispiel wäre
eine mögliche Bitte: „Könntest du bitte das nächste Mal,
wenn du nach Hause kommst, fragen, wobei du mir helfen
kannst?" Eine andere Möglichkeit wäre: „Es wäre wunder-

bar, wenn du mir das nächste Mal stattdessen sagen könntest, dass du siehst, was ich heute alles geschafft habe!"

Diese Art zu kommunizieren, braucht etwas Übung – nicht zuletzt, weil die meisten von uns nicht intuitiv sofort benennen können, was sie fühlen oder welche Bedürfnisse sie haben. Was also immer erst mal hilft, ist, sich einen kurzen Moment zu sammeln, tief durchzuatmen und dabei in sich hineinzuhorchen. Auch ein kurzes Gebet wie: „Jesus, was ist gerade wirklich in mir los?" oder „Was reizt mich momentan so?" öffnet dabei häufig ungeahnte Perspektiven.

Darüber hinaus ist ein bisschen Übung auch deshalb sinnvoll, weil es ein paar Fallstricke in unserer Umgangssprache gibt, die ich noch kurz erklären möchte:

Fallstrick „Pseudogefühl"

Sätze wie „Ich fühle mich verletzt" oder „Ich habe das Gefühl, dass immer ich für alles verantwortlich gemacht werde" oder „Ich fühle mich nicht ernst genommen" sind uns allen mit Sicherheit schon über die Lippen gekommen. Sie drücken aber leider kein echtes Gefühl aus. In der Psychotherapie würde ich meine Patienten bei solch einer Aussage fragen: „Und wie fühlt sich das an, verletzt zu sein/für alles verantwortlich gemacht zu werden/nicht ernst genommen zu werden?" Dazu muss man wissen, dass es bei uns Menschen sieben Grundgefühle gibt: Freude, Überraschung, Angst, Wut, Scham, Ekel und Trauer. Alle anderen Gefühle, die wir in unserem Sprachgebrauch haben, sind verschieden starke Ausprägungen oder Varianten dieser Grundgefühle. Zum Beispiel gehören zu Wut auch die Gefühlsvarianten erregt, enttäuscht, genervt, rasend, frustriert und vieles mehr. Achtung: Oft benutzen wir auch das Adjektiv *böse*, wenn wir eigentlich wütend meinen. Böse ist jedoch kein Gefühl, sondern bedeutet, laut Duden, *moralisch schlecht* oder *verwerflich*.

Falls ich dich nun völlig verunsichert haben sollte, hilft dir beim nächsten Mal vielleicht auch die Frage: „Und wie fühlt sich das an?" Wiederhole sie einfach so lange, bis du bei einer der sieben Grundemotionen gelandet bist, dann kannst du sicher sein, kein Pseudogefühl zu benennen.

Fallstrick „Und was bitte schön ist nun eigentlich ein Bedürfnis?"

Um noch einmal den Duden zu zitieren: Ein Bedürfnis ist ein Wunsch oder Verlangen nach etwas (zum Beispiel Ruhe), oder auch etwas Lebensnotwendiges. Anders als ein Gefühl ist ein Bedürfnis also etwas Allgemeineres und Abstrakteres, das unabhängig von Zeit und Raum ist. So etwas wie ein Bedürfnis nach Schokolade gibt es demnach eher nicht. Was du eigentlich meinen könntest, ist der Wunsch nach Belohnung, Entspannung oder Energie.

Wie bereits eingangs erwähnt, gibt es eine Fülle an Material zum Weiterlesen, falls ich dich neugierig gemacht haben sollte. Auch findet man im Netz ganze Listen mit Gefühlen und Bedürfnissen, die gerade am Anfang sehr hilfreich sein können, um den eigenen Wortschatz etwas zu erweitern oder wenn man sich unsicher ist, was man wirklich fühlt.

BLICK IN DIE BIBEL: BIBLISCHE PAARE ALS ELTERN

In der Bibel finden sich viele Paare, die auch Eltern sind. In den meisten Fällen steht aber weder ihre Beziehung noch ihre Elternschaft im Vordergrund. Darum mussten wir für dieses Kapitel ein bisschen graben und hinter die Kulissen der bekannten Geschichten schauen. Jedes dieser Paare stellt einen anderen Aspekt von Partnerschaft dar, hat ein besonderes Schicksal zu meistern oder veranschaulicht Gottes Eingreifen in ihre persönliche Geschichte. Wir haben in der Bibel Elternpaare gefunden, die keinem Ideal entsprechen, nicht immer perfekt und richtig handeln und doch immer wieder Gott auf ihrer Seite haben. Diese Paare zeigen uns, dass Gott in den unterschiedlichsten Situationen, die das Leben so mit sich bringt, auf eine einzigartige Weise wirkt. Vielleicht können wir aus dem einem oder anderen Schicksal Mut und Hoffnung schöpfen oder uns von ihrem Lebensweg inspirieren lassen.

Isaak und Rebekka

Issak und Rebekka heiraten bereits kurz nachdem sie sich kennengelernt haben und werden Eltern von den Zwillingen Esau und Jakob. Die Jungen waren schon von Geburt an so zerstritten, dass sich ihre Eltern die Erziehung und ihre Zuneigung aufteilten. Esau verbrachte viel Zeit mit seinem Vater draußen auf der Jagd, während Jakob bei seiner Mutter zu Hause blieb. Obwohl die Zuneigung des Paares füreinander ungebrochen scheint, hintergeht Rebekka sowohl ihren Mann als auch ihren ältesten Sohn, um ihrem Liebling Jakob das Erbe zu sichern. Ironischerweise sollte genau durch diese Tat Gottes Zusage für Jakobs weiteres Leben Realität werden.

Die ganze Geschichte steht in 1. Mose 24 bis 27.

Debora und Lappidot

Debora war eine Prophetin, die Gottes Stimme hören konnte, was zur Zeit des Alten Testaments nur besonderen Menschen vorbehalten war. Zum Zeitpunkt des biblischen Berichts war sie die politische Führerin ihres Volkes und begleitete die Truppen sogar in den Kampf. Wir wissen, dass sie mit Lappidot verheiratet war und Kinder hatte, doch wissen wir nicht, wie alt sie waren oder wer sie versorgt hat. Vielleicht waren sie schon erwachsen oder es haben sich überwiegend Mägde um sie gekümmert. Auch ist nicht klar, wie ihr Mann zu ihrer Funktion stand. Da er sich jedoch nicht von ihr hat scheiden lassen, was zur damaligen Zeit für einen Mann recht einfach war, unterstützte er wohl seine Frau in ihrer besonderen Aufgabe.

Die ganze Geschichte steht im Buch der Richter, Kapitel 4 bis 5.

David und Batseba

David hatte als König bereits mehrere Ehefrauen und Batseba war mit Uria verheiratet. Trotzdem ließ David Batseba zu sich holen und schwängerte sie, während ihr Ehemann im Kriegseinsatz war. Um seinen Fehltritt zu vertuschen, ließ David ihren Mann ermorden. Das gemeinsame Kind erkrankte kurz nach der Geburt und starb trotz aller Gebete. Besonders Batseba trauerte sehr, denn sie hatte innerhalb eines Jahres ihr Kind und ihren Mann verloren und war nun nur eine von vielen Frauen des Königs. Doch David stand zu ihr und sie bekamen ein weiteres Kind. Ihr Sohn Salomo sollte seinem Vater auf den Thron folgen und seine Eltern bereiteten ihn auf diese besondere Aufgabe vor. Batseba stand David bis zu seinem Tod treu zur Seite.

Die ganze Geschichte steht in 2. Samuel 11 und 12.

Zacharias und Elisabeth

Zacharias und Elisabeth waren die Eltern von Johannes dem Täufer, einem engen Freund von Jesus. Elisabeth galt als unfruchtbar und hatte bereits die Wechseljahre hinter sich. Kein Kind zu bekommen war für Frauen damals ein soziales Stigma und wurde oft als Strafe Gottes gesehen. Nachdem ein Engel ihrem Mann einen Sohn angekündigt hatte, wurde sie tatsächlich noch schwanger. Die Zeit bis zur Geburt verbrachte Zacharias allerdings schweigend, denn er hatte bei der Begegnung mit dem Engel seine Stimme verloren und Elisabeth zog sich zudem in den ersten Monaten ihrer Schwangerschaft völlig aus dem öffentlichen Leben zurück. Sie konnten sich also in der Zeit der Schwangerschaft weder über das Geschehene noch über das Kommende austauschen, was für beide sehr belastend gewesen sein muss. Erst der Besuch ihrer Cousine Maria, die zu diesem Zeitpunkt schon mit Jesus schwanger war, holte sie aus ihrer Isolation heraus.

Die ganze Geschichte steht in Lukas, Kapitel 1.

BLICK AUF MICH – TIPPS UND ANREGUNGEN

Wer tiefer in das Thema „Sexualität" einsteigen möchte, dem seien die Bücher von Veronika Schmidt (klinische Sexologin, systemische Beraterin und Diplom-Sozialpädagogin, erschienen bei SCM) empfohlen.

Außerdem kann das Führen eines Gefühlstagebuchs dabei helfen, Gefühle zu formulieren und Bedürfnisse zu entdecken. Dafür reicht manchmal schon eine Zeile pro Tag.

Fragen zum Weiterdenken

» Wo hast du dich und deinen Partner als Eltern neu kennengelernt?

» Was vermisst du jetzt in deiner Partnerschaft?

» Was tut uns als Paar wirklich gut?

» Wo setzen wir uns unnötig unter Druck?

» Welches Paar kann uns ein Vorbild sein und warum?

Freizeitgestalterin sein

Für mich persönlich war es eine Zeit lang sehr anstrengend, die Nachmittage zu füllen. Ich spiele nicht gerne, das mochte ich schon als Kind nicht. Ich denke mir nicht gerne Geschichten aus und schlüpfe auch nicht gerne in andere Rollen. Meine Jungs dagegen spielen sehr gerne, besonders mit mir zusammen. Sie streiten sich schon in der Kita, was gleich mit Mama gespielt wird. Diese Zankereien machen mir das Spielen nicht leichter.

Dorothée

An manchen Tagen oder Nachmittagen fühlen sich Mütter wie Spaßautomaten. Da wird zu Hause gebastelt und gemalt, vorgelesen und gepuzzelt. Eine Rennbahn wird aufgebaut, eine Legorakete gestartet und bei einem Einsatz der Playmobilpolizei ein Räuber verhaftet. Kostüme werden an- und ausgezogen und Puppen frisiert. Die Medienzeit wird gemeinsam verbracht und nachbesprochen. Draußen wird Fangen gespielt, geschaukelt und Sandburgen werden gebaut. Je nach Alter und Interessen der Kinder kann diese Liste beliebig erweitert werden. Mit zunehmendem Alter spielen Kinder auch für sich. Ab wann, das ist ganz unterschiedlich. Manche Dreijährige spielt schon eine Stunde in ihrem Zimmer, manch Sechsjähriger kommt nach 15 Minuten angetrottet, weil ihm nichts mehr einfällt. Bei uns läuft es mit der Selbstbeschäftigung draußen weit besser als drinnen, doch das Wetter oder die Laune müssen dafür passen. Experten und sogar Krankenkassen weisen darauf hin, dass Kinder lernen müssen, Langeweile auszuhalten[8]. Nur so entwickeln sie eigene Ideen. Bis die eigenen Ideen aber kommen, muss ich als Mama das Genörgel aushalten – anschließend das Chaos, wenn diese umgesetzt werden, und danach noch das Gemeckere, wenn wieder alles aufgeräumt werden soll.

Eine Alternative ist, die Tage mit Ausflügen und Verabredungen zu füllen. Lassen Wetter und Gesundheit es zu, werden Ausflüge auf Bauernhöfe oder ins Schwimmbad unternommen. Die Oma oder Spielfreunde werden besucht und am Wochenende gibt es Übernachtungspartys und Tagesausflüge in den Zoo oder zum Feuerwehrfest.

Als weitere Herausforderung müssen Pflichttermine in den Nachmittagen untergebracht werden, sei es beim Logopäden, bei der Physiotherapie oder beim Zahnarzt. Einmal in der Woche ist Fußballtraining, einmal Musikschule und dann noch der Schwimmkurs. Dazu kommen Kindergeburtstage, die entweder besucht oder selbst geplant und vorbereitet werden wollen. Für all diese Aktionen ist ein gewisses Organisationstalent nötig, denn es müssen mit anderen Mamas Termine abgestimmt und alles im Kopf oder wenigsten im Kalender behalten werden – und das für jedes Kind einzeln.

Verschiedene Institutionen geben Empfehlungen heraus, wie viel Zeit Kinder am Tag für bestimmte Dinge aufwenden sollten. So empfiehlt die WHO[9] am Tag drei Stunden Bewegung, davon eine Stunde besonders intensiv, etwa in einem Verein. Die Stiftung Lesen[10] rät den Eltern, jeden Tag mindestens 15 Minuten vorzulesen. Ungefähr ebenso viel Zeit soll täglich für das Üben eines Instruments[11] aufgebracht werden. Darüber hinaus sollen Kinder möglichst eine Mahlzeit am Tag[12] mit zubereiten. Diese Aufzählung lässt sich noch um einige Punkte weiter fortsetzen und wird zur Einschulung noch um Unterrichtszeiten und Hausaufgaben ergänzt.

Beim Lesen dieser Empfehlungen kann Druck entstehen: Mein Kind war nicht genug an der frischen Luft, es war zu lange am Bildschirm, das Essen ist weder frisch noch von allen gemeinsam zubereitet und das teure Instrument wurde auch seit Tagen nicht mehr in die Hand genommen. Viele Mamas fürchten, ihr Kind nicht optimal zu fördern oder zu betreuen. Diese Sorgen speisen sich aus der Angst, Fehler zu machen, die langfristig den Kindern eine gute Lebensgestaltung unmöglich machen. Vielleicht wird das Kind sein Körpergewicht nicht optimal halten, weil es nicht jeden Tag drei Stunden in Bewegung war oder nicht jeden Tag mit gekocht hat. Möglicherweise wird es die Karriere als Klavierspieler aufgeben müssen, weil es nicht oft genug zum Üben bewegt wurde. Solche oder ähnliche Gedanken verfolgen viele Mamas, und besonders Frauen mit Hang zum Perfektionismus leiden darunter, wenn sie ihre Ansprüche an die optimale Gestaltung der Tage ihrer Kinder nicht erfüllen.

Aus meiner Sicht zeigt diese Aufstellung von Empfehlungen vor allem eines: Dass es schlichtweg *unmöglich* ist, alle Vorgaben einzuhalten. So gut belegt und begründet diese Empfehlungen sein mögen, sie sind als Orientierungshilfe zu verstehen. Damit meine ich, dass eine häufige Umsetzung der einzelnen Punkte mit Sicherheit gut ist, aber es ist keine Katastrophe, wenn dies nicht immer gelingt.

Mütterliche Liebe zeigt sich nicht zuerst im strikten Einhalten von Anweisungen oder in einem bis ins Detail durchdachten und optimierten Unterhaltungsprogramm. Sie zeigt sich auch nicht darin, ob eine Mama ihren gesamten Tag mit den Kindern verbringt oder der Nachwuchs mehrere Stunden in einer Einrichtung betreut wird.

Wenn es um die Freizeitgestaltung geht, so bezieht sich diese nicht nur auf die Nachmittage, auch die Urlaubsplanung gehört dazu oder der Endgegner jeder planenden Mama: Weihnachten. Was meine Familie betrifft, so haben wir im Urlaub oft die Verwandtschaft besucht. Wenn das der Fall war, musste ich Termine mit acht verschiedenen Haushalten koordinieren. Neben den Großeltern der Kinder kommen noch die eigenen Omas dazu, außerdem eine Anzahl an Onkeln und Tanten. Waren die Termine verteilt, blieb kaum noch Zeit, um als Familie etwas zusammen zu unternehmen oder gar alte Freunde zu sehen. Bei einem Urlaub von etwa einer Woche hatten wir daher pro Tag zwei Verabredungen und waren nach dem Urlaub geschaffter als zuvor. Standen außerdem Feiertage an, stiegen auch die Erwartungen an diese besondere Zeit und damit auch die Aufregung und der Stresspegel. Irgendwann wurde es mir zu viel.

Wir sind bei den Verwandtschaftsbesuchen jetzt dazu übergegangen, uns eine eigene Ferienwohnung zu nehmen. Das hat für uns mehrere Vorteile: Wir müssen uns nicht mehr dafür rechtfertigen, warum wir bei einer Partei drei und bei der anderen fünf Nächte geblieben sind. Wir können uns als Familie zurückziehen und uns gleichzeitig so ausbreiten, wie wir möchten, und bleiben dabei leichter in unserem Rhythmus. Außerdem können wir in der Ferienwohnung besucht werden, sind also nicht immer selbst unterwegs. So haben wir schon Kindergeburtstage in einer solchen Unterkunft gefeiert und die Kinder haben sich unbändig gefreut, dass alle Omas und Opas da sein konnten.

Ich bin des Weiteren dazu übergegangen, Möglichkeiten zur Gemeinschaft anzuregen, aber ich koordiniere nicht mehr alle Treffen einzeln. Beispielsweise verabreden wir uns jetzt öfter zu gemeinsamen Ausflügen, an denen jeder so teilnimmt, wie es seine Zeit erlaubt. Auch haben wir die Anzahl der Besuche insgesamt reduziert und so die Verantwortung für die Beziehungspflege an die anderen Familienmitglieder zurückgegeben.

BLICK NACH AUSSEN: KINDERBETREUUNG WELTWEIT

In der Art, wie Kinder weltweit aufwachsen, gibt es große Unterschiede. Dies zeigt sich gut an diesem Beispiel: Heidi Keller und Joachim Bensel[13] haben unter anderem in Kamerun Untersuchungen zum Verhältnis von Mutter und Kind gemacht. Sie haben Frauen in Kamerun mit Frauen in Deutschland verglichen, aber auch Frauen aus ländlichen Regionen in Kamerun mit Frauen aus einem städtischen Umfeld. Auffallend ist, dass von allen drei Gruppen der eigene Erziehungsstil immer als der bessere, ja überlegene angesehen wird. Dieses Phänomen konnte auch auf anderen Kontinenten beobachtet werden: Stets sahen besonders Frauen aus bildungsnahen Schichten ihre Erziehung oder ihren Lebensentwurf mit Kind als den bestmöglichen an und waren überzeugt, dass andere Frauen es schlichtweg falsch machten. Ein Beispiel zur Verdeutlichung: Frauen aus Kamerun zeigten sich entsetzt darüber, wie Mütter in Deutschland mit ihren Babys während einer Krabbelgruppe interagierten, denn sie fanden das viele Sprechen und den ständigen Augenkontakt zu den Babys unnötig und befremdlich.

Wie sieht die Situation in anderen Kulturen aus?

In *Ungarn* beispielsweise ist es politisch erwünscht, dass Mamas so lange wie möglich als Hausfrau und Mutter zu Hause bleiben. Darum haben Frauen oft nicht die Möglichkeit einer Teilzeitstelle. Sie bleiben so lange zu Hause, wie es ihnen finanziell möglich ist. Dann werden die Kinder in eine Kinderbetreuung gegeben. Diese haben lange Öffnungszeiten, denn die erwerbstätige Mutter arbeitet logischerweise in Vollzeit.

In *Syrien* gibt es ebenfalls kaum das Konzept der Teilzeit. Auch eine öffentliche Kinderbetreuung wird besonders in den ländlichen Gebieten nicht angeboten. Für die Versorgung und Betreuung der Kinder während der Arbeitszeit der Eltern ist in der Regel die Familie des Ehemannes zuständig. Dadurch übernehmen sie auch die frühkindliche Erziehung. Sie werden im Gegenzug von der Familie mitfinanziert.

In *Costa Rica* gehen Mütter nach acht Wochen wieder arbeiten oder kündigen ihren Job. Wenn die Kinder alt genug sind, suchen sich die Mütter eine neue Anstellung. Die Kinderbetreuung übernimmt dann zumeist ein Familienmitglied, das die Kinder der ganzen Verwandtschaft versorgt und dafür Geld erhält. Häufig ist diese Person eine Mutter, die mit ihrem eigenen Säugling zu Hause bleiben möchte.

Aus *Frankreich* ist die École maternelle bekannt. Hier besteht *Schulpflicht* für Kinder ab einem Alter von drei Jahren. Kinder haben dort von Anfang an eine Art Unterricht, in dem sie je nach Alter einfache Dinge wie Ausschneiden oder Stifthaltung erlernen. Die Betreuung ist dabei bis in den späten Nachmittag verpflichtend. Das Modell soll neben der Entlastung der Eltern auch Chancengleichheit schaffen.

Vor dem Hintergrund solch großer, weltweiter Unterschiede ist es in unseren Augen unmöglich anzunehmen, das ganze Kulturen ihre Version von Mutterschaft falsch verstehen oder leben. Im Gegenteil ist aus unserer Sicht diese gelebte Vielfalt die sichtbar gewordene Kreativität und Vielseitigkeit Gottes. Denn er hat alle Menschen nach seinem Bild geschaffen! Damit ist nicht gemeint, dass überall alles, so wie es ist, perfekt ist. Jede Frau passt sich ihren Umständen, ihrer Kultur, dem Klima und den gesetzlichen Rahmenbedingungen ihres Lebensortes an. Gerade darum sind wir überzeugt, dass Gott allen gleicherweise zur Seite steht, hilft, Lösungen für Probleme zu finden, und jede Mutter durch ihren persönlichen Alltag begleitet.

BLICK IN DIE BIBEL: ALLES HAT SEINE ZEIT

Unter Mamas hört man immer wieder den Satz: „Es ist alles nur eine Phase." Diese Aussage hat in seinem Kern eine biblische Wahrheit, denn in Prediger 3,1-8 steht, dass alles auf der Erde seine Zeit hat. Und damit auch alles wieder vorbeigeht. Dieser Gedanke ist hin und wieder sehr tröstlich, genauso, wie er manchmal traurig ist oder sogar beides gleichzeitig. Diese Bibelstelle enthält gerade für Mütter noch viele weitere Gedanken:

Prediger 3,1-8
Ein jegliches hat seine Zeit, und alles Vorhaben unter dem Himmel hat seine Stunde.
Alles ist eine Phase und für alle Termine auf der Erde gibt es einen Zeitpunkt. Dieser muss nicht immer perfekt sein. Die Frage nach einem guten Zeitpunkt, zum Beispiel für ein weiteres Kind, kann ein wichtiges Gebetsanliegen sein, dass Gott gerne beantwortet.

Geboren werden hat seine Zeit, sterben hat seine Zeit.

Schon die Geburt kann einem wie eine Ewigkeit vorkommen und doch ist sie irgendwann überstanden. Die Kinder werden so schnell groß und gleichzeitig erlebt man, wie die eigenen Eltern und besonders die Großeltern älter werden und versterben. Oft passiert dies in zeitlicher Nähe zueinander, was ein großes Gefühlschaos verursachen kann.

Pflanzen hat seine Zeit, ausreißen, was gepflanzt ist, hat seine Zeit.

Wir investieren in unsere Kinder, in ihre Erziehung und in die Förderung ihrer Talente. Wir hoffen, dass sie die Früchte davon erleben, wenn sie älter werden, spätestens wenn sie ihr eigenes Leben starten. Aber wir machen dabei auch Fehler oder wir erleben, wie unsere Kinder Verhaltensweisen annehmen, die wir nicht gutheißen. Dann stehen wir als Eltern in der Verantwortung, korrigierend einzugreifen.

Töten hat seine Zeit, heilen hat seine Zeit.

Es gibt Zeiten, die von Trauer, Krankheit und Kraftlosigkeit bis hin zu dem sehr realen Lebensende geprägt sind. Je älter die Kinder sind, desto weniger anfällig werden sie für all die Schnupfenviren und Magen-Darm-Infekte. Bis dahin scheinen sie manchmal mehr krank als gesund zu sein, doch jeder Infekt ist in der Regel irgendwann überstanden und stärkt das Immunsystem des Kindes.

Abbrechen hat seine Zeit, bauen hat seine Zeit.

Gerade wenn man sich noch als Familie neu finden muss, passiert es immer wieder, dass alte Freundschaften sich verlaufen. Es ist nicht einfach, mit ganz kleinen Kindern Kontakte zu pflegen, und einige Beziehungen überstehen diese Zeit nicht unbeschadet. Gleichzeitig wird es einem durch

Krabbelgruppen und die Kita leichter gemacht, neue Familien kennenzulernen und vielleicht auch neue Freunde zu finden.

Weinen hat seine Zeit, lachen hat seine Zeit; klagen hat seine Zeit, tanzen hat seine Zeit.
Kinder zeigen ihre Gefühle am Anfang ungefiltert und unverfälscht, sie weinen und lachen im Wechsel von wenigen Sekunden. Sie jammern und freuen sich doch im nächsten Augenblick über scheinbar Banales. Diese Wechsel sind manchmal überraschend und auch nicht immer leicht auszuhalten. Mit zunehmendem Alter lernen Kinder immer besser, ihre Gefühle zu kontrollieren und zu lenken. Auch Mamas dürfen sich Zeit für ihre Gefühle nehmen und sich Zeit zum Klagen ebenso wie zum Tanzen nehmen.

Steine wegwerfen hat seine Zeit, Steine sammeln hat seine Zeit.
Steine sammeln und wieder wegbringen ist mit kleinen Kindern wörtlich zu verstehen. Ich habe eine Schüssel neben der Waschmaschine stehen für all die Steine, die es bis in die Wohnung geschafft haben.

Herzen hat seine Zeit, aufhören zu herzen hat seine Zeit.
Nicht alle Kinder sind gleich kuschelig, doch wenn sie krank sind, möchten sie am liebsten ununterbrochenen Körperkontakt. Sich Zeit für seinen Körper allein zu wünschen und auch zu nehmen, ist gerade dann umso nötiger und auch absolut berechtigt.

Suchen hat seine Zeit, verlieren hat seine Zeit; behalten hat seine Zeit, wegwerfen hat seine Zeit.
Wie oft haben Mamas schon einen Handschuh, eine Puppe, eine Spielfigur gesucht und meistens auch gefunden.

Kleidung, Spielsachen und Kunstwerke der Kinder zu sortieren, steht immer wieder an. Das passiert am besten zu einem Zeitpunkt, wo die kleinen Kinderaugen nicht sehen, was aussortiert wurde, weil sonst alles doch noch behalten werden muss, auch wenn es seit Monaten nicht mehr im Gebrauch ist. Es ist manchmal sehr befreiend, eine Lebensphase bewusst mit dem Aussortieren bestimmter Dinge zu beenden, auch wenn es mit ein wenig Wehmut verbunden ist.

Zerreißen hat seine Zeit, zunähen hat seine Zeit.
Kindersachen gehen so schnell kaputt, reparieren lohnt sich nicht immer. Und doch lasse ich es gerne auf einen Versuch ankommen, denn Kindersachen sind teuer. Schnäppchen vom Flohmarkt mit wenigen Handgriffen ein neues Leben zu geben, macht sie zudem zu einem besonderen Unikat.

Schweigen hat seine Zeit, reden hat seine Zeit.
Manche Kinder reden gerne und viel und genauso erklären manche Mamas gerne und viel. Aber auch Stille muss seine Zeit haben. Diese Stille auszuhalten ist dann nicht immer leicht, denn schnell ist das Handy wieder in der Hand. Doch es lohnt sich, für ein Ankommen im Hier und Jetzt ein paar Minuten Pause von allem zu haben.

Lieben hat seine Zeit, hassen hat seine Zeit; Streit hat seine Zeit, Friede hat seine Zeit.
Jede Zeit, jede Phase bringt alle Gefühle von Liebe bis Wut mit sich, sowohl bei Geschwistern untereinander als auch zwischen Mutter und Kind. Negative Gefühle haben ihren Platz – nicht nur bei den Kindern, denn Mamas erleben Wut und Verzweiflung ebenfalls und können im Umgang damit ein Vorbild für ihre Kinder sein.

Prediger 3 für Mütter

Alles auf der Erde dauert seine Zeit, und alles
Vorhaben unter dem Himmel hat seine Stunde:

Geboren werden hat seine Zeit, flügge werden
hat seine Zeit; Werte vermitteln hat seine Zeit,
Fehler korrigieren hat seine Zeit;

Konflikte haben ihre Zeit, gesund werden braucht
seine Zeit; aufräumen hat seine Zeit, spielen und
bauen hat seine Zeit;

weinen und trotzen hat seine Zeit, lachen hat seine
Zeit; jammern hat seine Zeit, singen hat seine Zeit;

Steine wegwerfen hat seine Zeit, Stöcke sammeln
hat seine Zeit; kuscheln hat seine Zeit, Distanz halten
hat seine Zeit;

Puzzleteile suchen hat seine Zeit, Handschuhe
verlieren hat seine Zeit; alles Babyspielzeug behalten
hat seine Zeit, Kaputtes endlich wegwerfen hat seine
Zeit;

Hosen zerreißen hat seine Zeit, Knöpfe wieder
annähen hat seine Zeit;

pubertäres Schweigen hat seine Zeit, fröhliches
Plappern hat seine Zeit;

mehr lieben hat seine Zeit, weniger lieben hat seine
Zeit; Streit hat seine Zeit, Entschuldigen hat seine Zeit.

Mir haben feste Termine beim Organisieren der Aktivitäten am Nachmittag geholfen. An einem festen Wochentag geht es seitdem zum Beispiel in den Wald, an einem anderen kommt ein Spielfreund, noch einen anderen verbringen wir auf einem großen Spielplatz. Auch ein fester Tag zum „Einfach-zu-Hause-Spielen" ist bei meinen Kindern beliebt – obwohl mich dieser oft die meiste Energie kostet, wenn sie so gar nicht allein spielen wollen. Doch gerade die Tage mit Leerlauf sind wertvoll, um eigene Ideen zu entwickeln und einfach nur Kind sein zu können.

Die Verteilung der Freizeitgestaltung auf mehrere Personen kann ebenfalls entlasten. Wir haben uns zum Beispiel eine sogenannte *Leihoma* gesucht, weil wir keine Familie vor Ort haben. Damit ist eine ältere Person gemeint, die in einem abgesprochenen Rahmen die Aufgaben einer Oma oder eines Opas für ein Kind übernimmt. In den meisten Städten gibt es Vereine, die passende Personen vermitteln. Wir haben unsere Leihoma über unsere Gemeinde gefunden. Genauso gut kann dieselbe Aufgabe aber auch von einem Babysitter übernommen werden.

Ideen für kleine Ausflüge: Bauernhof mit Hofladen, Kinderbibliothek, Fische und andere Tiere in der Zoohandlung beobachten, eine Runde Bus fahren, am Bahnhof Züge zählen oder am Flughafen Flugzeuge beobachten, Klettertour und Bastelmaterial im Wald sammeln, mit dem Rad zum Eisladen fahren oder gemeinsames Einüben täglicher Strecken unter Führung der Kinder, besondere Spielplätze/Parkanlagen in der Nähe besuchen, Baufortschritte und -geräte auf Baustellen in der Nachbarschaft bewundern, Tiere auf nahe gelegenen Weiden besuchen, Brombeeren oder Holunderblüten sammeln und Marmelade einkochen, den Nachmittagssnack mit einer Decke in den Garten oder auf eine Wiese verlagern (bei schlechtem Wetter funktioniert der Wohnzimmerboden genauso gut) ...

Ideen für stressige Feiertage und/oder verregnete Nachmittage: Sich seinen eigenen Rückzugsort schaffen und die Kinder parallel eine Höhle bauen lassen, Oma und Opa einen Brief schreiben und um Antwort von ihnen bitten, mit Popcorn und verdunkelten Fenstern zu Hause Kino veranstalten, den Tag im Schlafanzug verbringen und jeder darf sich sein Lieblingsspiel aussuchen, alle Matratzen zum Hopsen ins Wohnzimmer legen – das alles hilft bei langen Nachmittagen. Die Feiertage in der Ferienwohnung verbringen, statt bei den Großeltern zu Hause zu wohnen, oder als Großfamilie ein Ferienhaus mieten, Essen im Restaurant vorbestellen und zu Hause essen, über Weihnachten nur mit den Kindern ein paar Tage wegfahren und dafür im Frühling Ostern zusammen feiern, als Geschenk für Zoos oder Freizeitparks Jahreskarten wünschen.

Fragen zum Weiterdenken

» Was macht mir selbst Spaß? Wie kann ich das mit meinen Kindern teilen?

» Was belastet mich bei der Freizeitgestaltung besonders? Wie kann ich mir hier Abhilfe verschaffen?

» Wie könnte ein Wochenplan für uns in den nächsten zwei Wochen aussehen? (Dabei muss nicht jeder Tag fest verplant sein.)

» Wo kann ich notwendige Termine mit schönen Dingen verbinden?

Berufstätig sein

Etwa ein Jahr nach meinem Wiedereinstieg in den Berufs-
alltag habe ich einer Freundin folgendes Leid geklagt: „Aus
Sicht einiger Kollegen arbeite ich zu wenig und nutze meine
Kinder als Vorwand, um mich vor der Arbeit zu drücken. Aus
Sicht einiger Personen aus der Gemeinde arbeite ich zu viel
und vernachlässige dadurch meine Kinder. Egal, wo ich bin,
ich habe immer das Gefühl, mich rechtfertigen zu müssen.
Am Ende wusste ich selbst nicht mehr, was ich eigentlich
wollte und wie viel Arbeit mir guttut.“
   Dorothée

Am Anfang hatte ich wegen meiner Berufstätigkeit ein
schlechtes Gewissen, denn viele meiner Freundinnen sind
länger zu Hause geblieben als ich. Meine mir bis dahin un-
bewusste Annahme war gewesen, dass man als Mama einfach gern zu Hause ist, sich mit Hingabe um Haushalt und
Kinder kümmert und sich so immer mehr in diese Rolle der
Hausfrau und Mama hineinlebt. Ich war gerne mit meinen
Kindern zusammen, habe mich mit anderen Mamas getroffen und meine Wohnung so gut es ging in Ordnung gehalten.
   Dabei gab es genug zu organisieren, zu improvisieren und
viele neue Dinge zu entdecken, aber eine echte Begeisterung
für diese Aufgaben wollte sich nicht einstellen. Eher hatte

ich immer mehr das Gefühl, dass mir die Decke auf den Kopf fällt und ich intellektuell unterfordert bin. Auch wenn es in der Gemeinde und an anderen Stellen verschiedene Möglichkeiten gab, sich einzubringen, stellte ich stattdessen fest, dass mir mein Beruf fehlte. Im Rückblick finde ich das auch nicht mehr überraschend: Schließlich ist das die Tätigkeit, die ich mir ausgesucht habe, für die ich lange Zeit in Ausbildung war und die ich trotz mancher Herausforderung immer sehr gerne gemacht habe.

Über die Jahre habe ich immer mehr Mamas getroffen, denen es ähnlich ergangen ist. Viele von ihnen sind nach einigen Monaten Elternzeit auf ihre Stellen zurückgekehrt, und die Gründe dafür, aber auch die Umsetzung ihrer Berufstätigkeit sind so individuell wie sie selbst. Einige Mamas haben vor der Geburt bereits eine Karriere begonnen oder einen akademischen Titel erworben und möchten in diesem Bereich weiter vorankommen. Dafür nehmen sie oftmals hohe Arbeitszeiten in Kauf. Andere Frauen arbeiten aus finanziellen Gründen in einer Vollzeitstelle, oft im Homeoffice.

Wieder andere sind mit Unterstützung der Großeltern im Schichtdienst tätig. Viele meiner Kolleginnen arbeiten in Teilzeit, denn dadurch haben sie die Möglichkeit auf einen freien Tag. Einige Frauen sind nach der Elternzeit in den Betrieb ihres Mannes eingestiegen oder haben sich mit ihrem Hobby selbstständig gemacht, um flexibler zu sein. Die Vielzahl an möglichen Varianten, berufstätige Mama in Deutschland zu sein, fasziniert mich.

Zu dem ehrlichen Blick auf dieses Thema gehört jedoch auch, dass der Weg zurück in die Berufstätigkeit nicht ohne Hürden ist. Um es mal zuzuspitzen: Idealerweise arbeitet auch eine Mutter Vollzeit oder zumindest Teilzeit mit der Bereitschaft, im Notfall mehr Aufgaben zu übernehmen oder nachmittags auch mal länger zu arbeiten. Sie und ihre Kinder sind möglichst nie krank. Die ihr übertragenen Aufträge erledigt sie fristgerecht und fehlerfrei und für die Kollegen bringt sie gerne einen selbst gebackenen Kuchen mit. Sie ist hilfsbereit und zuverlässig, dazu ist sie in einigen Arbeitskreisen aktiv und bildet sich regelmäßig fort.

Dass dies in der Regel nicht der Realität entspricht, ist den meisten klar. Trotzdem haben einige Mütter dieses Bild von sich im Kopf oder erleben, wie von Arbeitgebern oder Kollegen Druck aufgebaut wird. Gerade Mamas, die ihren Beruf lieben, haben die Tendenz dazu, ihre Arbeit perfekt machen zu wollen – genauso wie sie ihre Kinder perfekt versorgen und erziehen möchten. Sie wollen in beiden Bereichen 100 Prozent geben. Mancher mag dieser Spagat gelingen – wahrscheinlicher ist es jedoch, dass dieser Anspruch zu hoch ist.

Leider ist es unsere Beobachtung, dass dieses schlechte Gewissen im christlichen Umfeld häufig noch befeuert wird. Ein Grund dafür scheint darin zu liegen, dass für Männer Berufstätigkeit als selbstverständlich und gottgewollt, ja sogar als etwas Urmaskulines angenommen wird. Bei Frauen steht dagegen das Kinderkriegen als zutiefst weibliche Berufung im Fokus. In der Konsequenz wird berufstätigen Mamas offen oder auch versteckt unterstellt, sich auf Kosten ihrer Kinder und ihres Mannes selbst verwirklichen zu wollen – und die Familie somit bewusst zu vernachlässigen. Zudem erscheint uns zu selten der Blick darauf geworfen zu werfen, was die wirklichen Gründe für eine Erwerbstätigkeit von Frauen sind. Denn diese sind, wie bereits erwähnt, sehr vielseitig und können nicht über einen Kamm geschoren werden.

Wie kann man also als berufstätige Mama mit dieser inneren Zerrissenheit umgehen? Uns beiden hat folgender Satz geholfen: „Nur eine glückliche Mama kann glückliche

Kinder aufziehen." Wenn ich Freude an meinem Beruf habe, dann überträgt sich das auch auf mein gesamtes Wesen. Ich bin ausgeglichener und entspannter, auch im Umgang mit meinen Kindern, und kann mir mein Bedürfnis nach Abwechslung und Anregung leichter eingestehen.

Ich (Dorothée) habe sehr schnell gemerkt, dass mir die anfangs noch sehr wenigen Stunden Arbeit schon sehr geholfen haben. Gleichzeitig beschäftigte mich in dieser Phase besonders die Fremdbetreuung meiner kleinen Kinder: Ist es in Ordnung, sie schon so früh *wegzugeben*, wie es meine Familie formulierte?

Zuerst habe ich mich von dem Wort *weggeben* gelöst. Ich gebe weder meine Mutterschaft noch die Beziehung zu meinem Kind auf, wenn ich es für einige Stunden am Tag einer lieben und ausgebildeten Erzieherin oder einer Tagesmutter anvertraue. Außerdem habe ich Ruhe in dem afrikanischen Sprichwort gefunden: „Man braucht ein ganzes Dorf, um ein Kind zu erziehen." Nur, mein Dorf heißt eben *Kita*. Die Dauer der Betreuung habe ich so gewählt, dass ich das Gefühl hatte, es ist für uns und die Kinder in Ordnung, und auch mit der Qualität der Kita war ich zufrieden. Ich weiß, dass es in anderen Kulturen viel verbreiteter ist, seine Kinder schon sehr früh und sehr lange fremdbetreuen zu lassen, was mich ebenfalls beruhigt hat.

Zuletzt ist es uns als Paar wichtig, dass die Kinder regelmäßig Zeit mit ihrem Papa verbringen können. Darum ist mein Mann ebenfalls in Teilzeit gegangen, was finanziell aber nur durch meine Berufstätigkeit möglich ist. Zusammenfassend kann man sagen, dass wir für uns als Familie einen Weg gefunden haben, der eben für uns gut ist. Das ist das, was zählt, und mit dieser inneren Ruhe lasse ich mich nicht mehr zu Rechtfertigungen hinreißen – meistens zumindest.

BLICK NACH AUSSEN: ERWERBSTÄTIGE MÜTTER IN ZAHLEN

Wir haben uns Daten und Statistiken aus Deutschland zum Thema „Mütter und Erwerbstätigkeit" angeschaut und miteinander verglichen und stellen die interessantesten Beobachtungen in diesem Kapitel einmal vor. Wichtig ist dabei zu beachten, dass wir die aktuellsten Zahlen nutzen, die uns beim Schreiben zur Verfügung stehen. Wir nutzen sie vor allem, um die Entwicklung über die letzten Jahre zu zeigen. Wer sich für die Zahlen des aktuellen Kalenderjahres interessiert, findet gute und übersichtliche Diagramme und Zusammenstellungen beim Statistischen Bundesamt. Wer die konkreten Diagramme zu den folgenden Texten anschauen möchte, findet über den QR-Code im Literaturverzeichnis das entsprechende PDF[14].

Wie viele Mütter in Deutschland arbeiten überhaupt?

So einfach lässt sich diese Frage nicht beantworten, denn die Zahl der berufstätigen Mütter hängt stark vom Alter des jüngsten Kindes ab[15]. Der Anteil der erwerbstätigen Mütter mit Kindern unter einem Jahr ist recht niedrig, erhöht sich mit zunehmendem Alter der Kinder aber immer weiter und steigt nochmals an, wenn die Kinder im schulpflichtigen Alter sind. In den betrachteten Jahren 2005 und 2022 sind weniger als 20 Prozent der Mütter mit Babys erwerbstätig, was aber bedeutet, dass immerhin mindestens jede zehnte Mutter auch mit einem Säugling wieder gearbeitet hat. Etwa 60 Prozent der Frauen geht 2022 um den zweiten Geburtstag des Kindes herum wieder einem bezahlten Beruf nach, also nach ein oder zwei Jahren Elternzeit. Im Jahr 2005 waren es dagegen zum selben Zeitpunkt nur etwa 30 Prozent.

Einige führen den höheren Anteil der berufstätigen Mütter (besonders derer mit Kindern unter 3 Jahren) im Jahr 2022 auf das größere Angebot an Kinderbetreuung zurück. Aber auch die finanzielle Notwendigkeit eines zweiten Einkommens kann ein Grund sein oder der gesteigerte Wunsch der Frau, sich außerhalb des eigenen Haushalts zu verwirklichen. Wenn die Kinder auf die Volljährigkeit zugehen, nähert sich der Anteil der Mütter am Arbeitsmarkt wieder dem von erwerbstätigen Frauen ohne Kinder an. Auch nach der Volljährigkeit des jüngsten Kindes sind einige Frauen weiter nicht erwerbstätig, selbst wenn ihr Anteil in den letzten Jahren zurückgegangen ist. Das bedeutet, dass die Versorgung der Kinder nicht das einzige Motiv sein kann, warum Frauen keinem bezahlten Beruf nachgehen.

Im Jahr 2022 fällt zudem auf, dass insgesamt mehr Frauen berufstätig sind als im Vergleich zu den Vorjahren.[16] Laut des Statistischen Bundesamtes hat sich die Verteilung der Rollen in den Familien seit den 1990ern grundlegend verändert. Nur 50 Prozent der Mütter gingen 1997 in den westdeutschen Bundesländern arbeiten, im Osten waren es mit 69 Prozent deutlich mehr. Im Jahr 2022 sind deutschlandweit 69 Prozent der Mütter minderjähriger Kinder erwerbstätig, dabei wurden immer Vollzeit und Teilzeit zusammengenommen. Im Jahr 1997 war das traditionell geprägte Modell mit dem Vater in Vollzeit und der nicht berufstätigen Mutter die verbreitetste Kombination bei Paaren mit Kindern. Auch 2022 arbeitet der Vater meistens in Vollzeit, doch in 44 Prozent der Familien ist die Mutter zudem in Teilzeit am Familienerwerb beteiligt. So ist im Jahr 2022 die häufigste Kombination von Erwerbstätigkeit bei Eltern Vater in Vollzeit und damit Hauptverdiener und Mutter in Teilzeit.

In welchem Arbeitszeitmodell arbeiten Mütter?

Mütter arbeiten meistens in Teilzeit. Im Jahr 2022 sind es 47 Prozent. In Vollzeit arbeiten 23 Prozent der Mütter und 31 Prozent sind nicht erwerbstätig, wobei besonders die Zahlen in Bezug auf Vollzeit und Teilzeit stark vom Alter der Kinder abhängen.

Mit 71,5 Prozent sind fast drei Viertel der erwerbstätigen Mütter mit Kindern unter sechs Jahren in einer Teilzeitstelle. Zwei von drei Müttern bleiben auch mit schulpflichtigen Kindern in Teilzeit. Dabei arbeiten sie im Schnitt 23 bis 32 Stunden pro Woche, ein bisschen weniger, wenn die Kinder noch keine zwei Jahre alt sind. Die Gründe für die Teilzeitbeschäftigung sind sehr vielfältig und können auch über den QR-Code[17] im Anhang eingesehen werden.

Diese Zahlen zeigen, dass die Kinderbetreuung in den meisten Familien die Hauptaufgabe der Mutter ist. Das wird noch klarer, wenn man es sich in Zeitstunden ansieht: Mütter mit Kindern unter 6 Jahren arbeiten im Schnitt 9,5 Stunden weniger in einem bezahlten Beruf als Frauen ohne Kinder, um stattdessen Haushalt und Kinder zu versorgen.

Wie sieht es bei Müttern mit Vollzeit aus? Etwas mehr als ein Viertel der Frauen (28,5 Prozent) mit Kindern im Kindergartenalter ist voll berufstätig. Wenn das jüngste Kind eingeschult ist, steigt ihr Anteil auf 37 Prozent. Der Anteil der Mütter, die in Vollzeit arbeiten, hat sich in den letzten Jahren verringert. Im Jahr 1997 waren noch 42 Prozent der Mütter Vollzeit arbeiten, wobei der Großteil dieser Frauen in den östlichen Bundesländern lebte. Inzwischen nähern sich die Anteile einander an. Dagegen hat sich in den letzten Jahren der Anteil der Elternpaare, bei denen beide Partner in Vollzeit arbeiten (27 Prozent der Paare), nicht verändert.

Etwas anders sieht die Erwerbstätigkeit bei alleinerziehenden Müttern aus. Im Jahr 2022 waren in Deutschland 1,33

Millionen Mütter mit minderjährigen Kindern alleinerziehend. Das bedeutet, dass inzwischen ungefähr jedes fünfte Kind bei nur einem Elternteil, meistens bei der Mutter, aufwächst. Schaut man sich die Erwerbstätigkeit alleinerziehender Mütter an, sieht man, dass Alleinerziehende öfter erwerbstätig sind und häufiger in Vollzeit arbeiten (42 Prozent statt 28,5 Prozent bei Frauen in einer Partnerschaft).

BLICK IN DIE BIBEL: BERUF ALS BERUFUNG?

Im christlichen Umfeld haben oft geistliche Berufungen einen höheren Stellenwert als die Erwerbstätigkeit. Mit Berufungen sind entweder Berufe mit sozialen oder pastoralen Inhalten gemeint, aber auch bestimmte Dienste wie das Gebet oder das Ältestenamt gehören dazu. Bei Frauen zählt neben der Arbeit im Kinderdienst oder der Seelsorge auch die Aufgabe der *Hausfrau und Mutter* als eine besondere Berufung. *Zur Mutterschaft berufene Frauen* grenzen sich so von den Müttern ab, die einem klassischen Beruf nachgehen, oder sie nutzen diese Formulierung, um sich innerlich von einem unbefriedigenden Job zu distanzieren, zu dem sie sich eben nicht berufen fühlen.

Die Formulierung: „Meine Berufung von Gott ist es, Mutter zu sein", bedeutet daher meistens, dass eine Mutter vollkommen in dieser Rolle aufgeht, die Aufgaben einer Mutter mit Freude und Hingabe ausführt und sich trotz einiger Hürden am richtigen Platz im Leben erlebt. Die Mutterschaft nimmt den größten und wichtigsten Teil ihrer Hingabe, Zeit und Kraft in Anspruch. Der Begriff *Berufung* wird an dieser Stelle also als Synonym für *Leidenschaft* oder *Lebensinhalt* verwendet.

Obwohl in traditionellen Familien die Rolle der Frau als

Hausfrau und Mutter das Ideal ist, fühlen sich viele Frauen in dieser Rolle bisweilen nicht gesehen oder meinen, sich dafür rechtfertigen zu müssen. Sie haben das Gefühl, dass ihre Leistungen nicht so gewürdigt werden wie eine bezahlte Arbeit, und suchen diese Wertschätzung unter anderem in einer göttlichen *Berufung zur Mutter*.

Aber was bedeutet *Berufung* im biblischen Sinne wirklich und was unterscheidet *Beruf* und *Berufung* voneinander?

Beruf ist jede auf Dauer angelegte, der Schaffung und Erhaltung einer Lebensgrundlage dienende Tätigkeit, die nicht schlechthin gemeinschädlich ist.[18]

In der Bibel findet man eine Vielzahl an Menschen, die einen Beruf ausgeübt haben. Abraham war Viehzüchter, Amos züchtete Maulbeerfeigen, Daniel war königlicher Beamter. Damals gab es jedoch keine so klare Definition für einen Beruf wie heute, die meisten Aufgaben dienten zur Erhaltung der Lebensgrundlage und nicht immer dem Erwerb von Geld. Viele biblische Geschichten haben einen landwirtschaftlichen Kontext und die Personen waren in der Regel Selbstversorger. Frauen stellten die meisten Haushaltsgeräte und ihre Kleidung selbst her und versorgten die Tiere, waren also Näherin, Gärtnerin, Köchin, Schafzüchterin oder Landwirtin.

Berufung ist ein Vorgang, bei dem eine Person an einen Ort bestellt wird oder in ein Amt gesetzt wird (zum Beispiel ans Gericht berufen, zum Professor berufen).[19]

Berufung ist ein juristischer Begriff, der oft mit einem Verwaltungsakt verbunden ist. Eine Berufung erfolgt zudem für einen bestimmten Zeitraum. In diesem Sinne findet sich dieser Begriff ebenfalls in der Bibel, wo immer wieder Menschen von Gott in besondere Ämter ernannt oder zu bestimmten Aufgaben berufen wurden.

David als König wurde zum Führen und Regieren berufen, die Propheten sollten warnen und die Apostel das Evangelium verbreiten (Apostelgeschichte 3,12). In 2. Mose 31,2 wird ein einfacher Handwerker zum Bauleiter für die Stiftshütte berufen. Er bleibt also in seinem beruflichen Umfeld, erhält dort von Gott aber mehr Autorität. Nach dem Bau der Stiftshütte endet seine Berufung. Andere Berufungen wiederum sind auf Lebenszeit angelegt, wie die von König David, andere gelten nur für einen bestimmten Zeitraum, wie die der meisten Propheten.

Eine Berufung im christlichen Kontext wird aber nicht nur für ein Amt verwendet:

> Deshalb, liebe Freunde, bemüht euch zu zeigen, dass Gott euch berufen und erwählt hat! Wenn ihr das tut, werdet ihr niemals stolpern oder von Gott abfallen.
> 2. Petrus 1,10

Mit dieser Bibelstelle werden gerne Bücher und Kurse zum Thema *Berufung* beworben, in denen suggeriert wird, dass man nur dann wirklich glücklich und erfolgreich sein kann, wenn man seine *wahre Berufung* gefunden hat. Viele Christen gehen daher davon aus, dass Gott für sie eine bestimmte und besondere Aufgabe vorbereitet hat, die sie unbedingt finden und erfüllen müssen. Gemeint ist dann meistens eine Aufgabe in einer Kirche oder einem christlichen oder sozialen Projekt oder eben auch die Mutterschaft.

Für das Verb *berufen* wird stets das griechische Wort *kaleó* verwendet, was zuerst einmal *rufen oder nennen* bedeutet. Weitere Übersetzungsmöglichkeiten sind *einladen*, *ernennen* oder *beim Namen rufen*, als Substantiv kann es auch mit *Beschäftigung* übersetzt werden. Es geht dabei nicht in erster Linie um eine konkrete Aufgabe, sondern um eine Position oder um eine Beziehung. Durch die Bekehrung verändert sich die Position des Menschen zu Gott. Er wird aus seinem alten Leben herausgerufen und beginnt etwas Neues. Dieses neue Leben wird in verschiedenen Bibelstellen im Zusammenhang mit Berufung beschrieben:

» Berufen dazu, Gemeinschaft mit Gott zu haben
  (1. Korinther 1,9)
» Berufen zu innerem Frieden mit Gott (1. Korinther 7,15)
» Berufen dazu, Hoffnung zu haben (Epheser 1,18)
» Berufen dazu, sein Leben in Freiheit zu gestalten
  (Galater 5,15)
» Berufen zu einem ewigen Leben (1. Timotheus 6,12)

Diese Verse beschreiben eine neue Identität des Gläubigen, in der Gottes Segen und sein Schutz automatisch enthalten sind. Sie beziehen sich also nicht auf das Erfüllen bestimmter Aufträge wie Pastorsein oder die Mutterschaft, sondern auf unsere persönliche Beziehung zu Gott. Wenn sich eine Frau, egal ob Mutter oder nicht, ihrer Position als geliebtes Kind Gottes bewusst ist, dann wird sie aus dieser Beziehung heraus ihr Leben gestalten und sie wird ihren Glauben auch in schwierigen Situationen nicht verlieren.

Es gibt sicher auch Frauen, die von Gott einen besonderen Ruf in die Mutterschaft erhalten haben, vielleicht nach einer diagnostizierten Unfruchtbarkeit oder durch die Arbeit als Pflegemutter. Aber alle Frauen und besonders Mamas haben in allen Lebensbereichen Gottes volle Unterstützung und seine liebevolle Führung, egal, ob sie eine besondere Berufung in ihre Mutterrolle erlebt haben oder nicht. Gottes

Fürsorge und Bejahung ist nicht abhängig davon, ob Frauen eine Berufung als Mutter haben, ihren aktuellen Lebenssinn in der Mutterrolle sehen, oder ob die Kinder nur einen Teil ihres Alltags einnehmen, weil sie berufstätig sind. In seinen Augen hängt der Wert einer Mama nicht an ihrem Beruf, an ihrer Leistung oder an ihrer Lebensführung. Das dürfen wir Mamas niemals vergessen.

BLICK AUF MICH – TIPPS UND ANREGUNGEN

Nicht immer fühlen sich Mütter nach der Geburt ihrer Kinder in ihrem alten Beruf wohl. Andere Mamas entdecken aufgrund der neuen Prioritäten in ihrem Leben, dass sie in ihrem bisherigen Beruf falsch sind. Dann ist das Ende der Elternzeit ein passender Zeitpunkt, um einen Neustart zu wagen. Wieder andere stellen fest, dass der Verdienst in ihrem erlernten Beruf mit zusätzlichem Familienmitglied nicht mehr ausreicht, und möchten sich deswegen beruflich verändern, vielleicht mit einer Fortbildung oder einem Studium.

Manche Mamas arbeiten im Schichtdienst und möchten wegen der Kinder lieber einen Wechsel, um feste Arbeitszeiten zu haben. Andere nutzen genau diese Variabilität der Schichten, um das Kind zu Hause zu betreuen. Auch der Arbeitsweg ist relevant. Für manche Mamas sind es die 20 Minuten am Tag, die sie ganz für sich haben, andere wiederum belastet die konzentrierte Autofahrt im Berufsverkehr sehr. Nicht alle Mamas fühlen sich nach der Erziehungszeit dem Arbeitsmarkt gewachsen. Vielleicht war die Pause so lang, dass sich währenddessen ihr Berufsbild zu sehr verändert hat, oder es fehlt die Kraft, mit Kindern und Haushalt auch noch den Berufsalltag zu stemmen. Hier ist es auch eine ehrliche Überlegung wert, auf die Berufstätigkeit zu verzichten. Wichtig ist dann aber auch, die finanzielle Absicherung im Blick zu behalten (siehe das folgende Kapitel).

Sollte ein Wechsel der Arbeitsstelle, der Abteilung oder gar des gesamten Berufs infrage kommen, ist eine gute Beratung wichtig. In den meisten Städten gibt es verschiedene Beratungsangebote, die persönliche und berufliche Perspektiven aufzeigen können. Sie haben einen guten Überblick über Weiterbildungen und Angebote für Berufsrückkehrer. Außerdem kennen sie die rechtlichen Rahmenbedingen, was zum Beispiel Resturlaub oder Anträge auf Bürgergeld angeht. Diese Angebote sind zumeist kostenlos.

Sogar in manchen christlichen Gemeinden gibt es in diesem Bereich Unterstützung, so stellen einige Kirchen Minijobber für bestimmte Dienste ein. Das kann in einem vertrauten Umfeld ein erster Schritt zurück ins Berufsleben sein.

Fragen zum Weiterdenken

Folgende Fragen können helfen, die eigene berufliche Situation zu ordnen und vielleicht auch neu zu bewerten.

Lebensgestaltung

» Welchen Lebensstandard sind beide aus ihrer Herkunftsfamilie gewöhnt?
» Was brauchen wir zum Leben wirklich?
» Reicht unser Familieneinkommen für unsere Erwartungen?
» Welches Arbeitsmodell passt zu uns? Wie viele Stunden können wir jeweils arbeiten?
» Wie kann die Berufstätigkeit mit Kindern vereinbart werden?

» Welche Art der Kinderbetreuung wünschen wir uns und welche können wir finanzieren (Tagesmutter, Kita, Nanny, Au-pair)?

Mein Beruf

» Welche Ausbildung und Fähigkeiten habe ich?
» Was hat mich zu meinem Beruf bewegt? Was begeistert mich an diesem Beruf?
» Welche Bedingungen müssen erfüllt sein, damit ich mich bei der Arbeit wohlfühle?
» Kann dies meine jetzige Arbeitsstelle leisten?
» Wie sieht meine berufliche Zukunft aus?
» Wo finde ich konkrete Unterstützung und Beratung vor Ort, wenn ich eine berufliche Veränderung möchte?
» Ist eine eventuelle Arbeitslosigkeit wegen eines Wechsels oder einer Umschulung finanziell möglich?
» Brauche ich eine eigene Erwerbstätigkeit als Sicherheit?

Für die Finanzen verantwortlich sein

Ich glaube, es gibt sehr viel Blauäugigkeit bei Frauen in Bezug auf die eigene finanzielle Versorgung. Dadurch, dass mein Mann und ich immer in etwa gleich viel gearbeitet haben, haben sich auch unsere Gehälter etwa parallel weiterentwickelt. Dies hat es uns zu jeder Zeit ermöglicht, auch gleichberechtigt unsere Arbeitszeiten zu verringern – denn es gab nicht den Fall, dass einer deutlich mehr verdiente und deshalb weniger Arbeit zu einem nicht stemmbaren Einkommensverlust geführt hätte.

Finanzielle Sicherheit wird aus meiner Sicht im christlichen Umfeld im Zusammenhang mit Kindern jedoch häufig nicht mitgedacht. Aber die Tatsache, dass ich ebenso wie mein Mann bei möglichen Schicksalsschlägen für ein Auskommen unserer Familie sorgen könnte, ist für uns beide ein wesentlicher Teil dessen, was es heißt, gemeinsam und gleichberechtigt Verantwortung für die Familie zu tragen. Es gibt uns die Sicherheit, dass wir nicht aus finanziellen Gründen zu drastischen Veränderungen in unserem Leben gezwungen werden können. Für mich persönlich ist dieses Wissen ungemein Freiheit gebend, und das nicht nur in privater Hinsicht. Auch beruflich trägt es maßgeblich dazu bei, dass ich so viel Verantwortung tragen kann – denn ich könnte diese auch jederzeit wieder abgeben.

Katharina, Freundin von Lisa-Felicitas

„Mein eigenes Geld verdienen." Das ist eine häufige Antwort auf die Frage, warum Mütter berufstätig sind. Immer mehr Frauen sind finanziell selbstständig und treffen ihre eigenen finanziellen Entscheidungen. In den meisten Familien sind Frauen, besonders Mamas, als Hauptverdiener trotzdem noch selten. Das liegt auch daran, dass sich statistisch gesehen Frauen oft Partner mit einem höheren Bildungsabschluss und folglich mit einem höheren Einkommen suchen. Der Partner trägt also fast automatisch mehr Geld zum Familieneinkommen bei. Reicht das Einkommen des Partners sogar aus, um die Familie allein gut zu versorgen, ist es manchmal finanziell sinnvoll, wenn die Frau gar kein eigenes Geld verdient. Durch das Ehegattensplitting bei der Versteuerung können so Steuern gespart werden.

Für viele Familien sind die Jahre mit kleinen Kindern jedoch eine finanziell eher angespannte Zeit. Zum einem fällt in den meisten Fällen zumindest ein Teil des Verdienstes weg, zum anderen sind viele neue Anschaffungen nötig. Das beginnt bei Kleinigkeiten wie Spucktüchern oder Söckchen, dann kommen Kinderwagen und Babyschale, für die man überraschend hohe Summen ausgeben kann, und führt zu großen Investitionen wie einem größeren Auto, einer größeren Wohnung oder gar einem Hauskauf. So werden in dieser Zeit oft Kredite aufgenommen, die mit dem eingeschränkten Gehalt zurückgezahlt werden müssen. Dazu steigen die Ausgaben für Kleidung, Lebensmittel und Beschäftigung für die Kinder stetig.

Nicht immer decken sich dann die Erwartungen an diese wunderbare erste Familienzeit mit der Realität, in der Geldfragen und finanzielle Abwägungen mitunter stark im Vordergrund stehen. Einige Frauen haben auch ein schlechtes Gewissen, in Anbetracht der hohen Investitionen nicht mehr Geld für die Familie verdienen zu können, obwohl sie sich bewusst für eine längere Elternzeit oder eine geringere Arbeitszeit entschieden haben. Andere Mamas arbeiten mehr, als sie eigentlich wollten, um die hohen Kosten tragen zu können. In wieder anderen Fällen arbeitet der Vater sehr viel, um seiner Frau mehr Zeit für Kinder und Haushalt zu ermöglichen, nimmt dadurch aber nur wenig am Familienalltag teil.

Allen Beispielen ist gemeinsam, dass in der Familie auf unterschiedliche Art und Weise auf Geld geachtet werden muss und vor allem größere Ausgaben gut überlegt sein wollen, aber auch für die tagtäglichen Besorgungen wird Geld bewusster ausgegeben als vielleicht in der Zeit vor den Kindern. Hier wird die Mama zur Finanzwirtschafterin, denn besonders alltägliche Ausgaben werden in der Regel von ihr getätigt, entweder mit ihren eigenen finanziellen Mitteln oder mit dem Haushaltsgeld.

Der Begriff der Finanzwirtschafterin setzt sich aus den Worten *Finanzen* und *wirtschaften* zusammen. Das Wort *Finanzen* kommt vom französischen *finance(s)* und bedeutet so viel wie *Zahlungen oder Geldmittel* und das wiederum kommt ursprünglich vom lateinischen Wort *finis*, was so viel wie *Ende, einen Vorgang beenden* bedeutet.[20] Finanzen stehen also immer am Ende einer erbrachten Leistung, in unserem heutigen Alltag in den meisten Fällen als ausgezahltes Gehalt.

Der Begriff *wirtschaften* bedeutet laut Duden: „In einem bestimmten wirtschaftlichen Bereich die zur Verfügung stehenden Mittel möglichst rationell verwenden."[21] Und genau das ist es, was die meisten Mamas mit ihren finanziellen Mitteln tun: Ihr vorhandenes Geld möglichst effektiv und den eigenen Lebensumständen entsprechend verwenden. Bei der Planung der Ausgaben werden oft unbewusst Entscheidungen zur eigenen Lebensqualität getroffen und die eigenen Werte finden sich in den Kaufentscheidungen wieder.

Manche Mama legt eher Wert auf Lebensmittel in Bioqualität und verzichtet dafür auf ihr Auto. Einige Frauen kaufen aus Überzeugung oder aus Notwendigkeit generell nur gebrauchte Kinderkleidung, andere kaufen alles neu und verkaufen die Sachen dann zu einem guten Preis weiter. Andere wiederum bezahlen gerne die Mitgliedschaft im Sportverein, manche nutzen das Geld für den Kauf eines Instruments, wieder andere haben vielleicht auch den Luxus, diese Entscheidung nicht treffen zu müssen.

Doch nicht nur Ausgaben müssen geplant werden, auch mit Einnahmen befasst sich die Finanzwirtschafterin. Das können zum Beispiel Geldgeschenke der Großeltern sein, die möglichst sinnvoll eingesetzt werden sollen, und auch das Kindergeld ist eine willkommene Unterstützung, die es so nur in wenigen Ländern gibt.

Als dritter Bereich kommen die Fixkosten dazu, also die festen Kosten, die oft im Hintergrund laufen, zum Beispiel Kreditraten, Versicherungsbeiträge oder die Handyverträge, auch Beiträge für eine private Altersversorge oder ein fester Betrag für das Sparkonto fallen hier hinein. Den größten Anteil haben dabei in den meisten Fällen die Wohnkosten, also Miete, Heizung, Strom und so weiter.

Interessanterweise fallen jedoch gerade diese Kosten nicht immer in den Verantwortungsbereich der Mama, was natürlich auch nicht sein muss. Wichtig ist aber, dass die Aufteilung der verschiedenen Finanzbereiche als Paar abgestimmt ist und beide zumindest einen Überblick über die aktuelle finanzielle Situation haben. So sollten beide über alle laufenden Kredite oder Ratenzahlungen informiert sein und einen Überblick über die Einnahmen haben. Dadurch können Missverständnisse und finanzielle Fehlentscheidungen leichter umgangen werden. Ob dies praktisch dann in einem gemeinsamen Konto, in getrennten Konten mit oder ohne Wirtschaftskonto umgesetzt wird, ist ganz Sache des Paares. Jeder Weg hat Vor- und Nachteile, da lohnt sich vielleicht auch eine gute Beratung bei der Bank.

Als weiterer Punkt dient das eigene Einkommen vielen Frauen zur finanziellen Absicherung. Viele Mamas bleiben wenigstens mit einigen Stunden in ihrem Beruf, um den Anschluss zu behalten, sodass sie bei einer Krankheit oder der Arbeitslosigkeit des Partners für eine Weile die finanzielle Versorgung der Familie übernehmen können. Auch im Falle einer Trennung oder beim Verlust des Partners können sie sich und die Kinder finanziell über Wasser halten. In Deutschland gibt es im Falle einer Scheidung einen Versorgungsausgleich (für die Altersversorge werden der Frau gewisse Zeiten angerechnet, die sie zu Hause für die Kinder gesorgt hat) und einen Zugewinnausgleich (hier bekommt der Partner die Hälfte vom Gewinn, der in der Zeit der Ehe erwirtschaftet wurde), sodass die Frau zumindest nach dem Gesetz zusätzlich abgesichert wird.

Sollte eine Scheidung im Raum stehen, kann hier ein Anwalt genauer beraten. Auch im Falle des Todes des Ehepartners gibt es durch die Witwen- beziehungsweise Halbwaisenrente ein staatliches Sicherheitsnetz, was zumindest die Grundbedürfnisse der Hinterbliebenen abdeckt. Doch das Geld reicht dann bei Weitem nicht aus, um den vorher gewohnten Lebensstandard zu erhalten. Darum ist eine gute Absicherung der Frau im Alter und im Ernstfall der Kinder unbedingt nötig, wenn die Frau kein eigenes Einkommen hat. Im Falle einer Trennung oder eines Todesfalls ohne Trauschein greifen diese Sicherungen nicht, hier muss auch das Erbe vorher mit einem Testament geregelt werden, da die Partnerin nicht automatisch erbt.

Geld ist eines der häufigsten Streitgründe bei Paaren und oftmals ein Trennungsgrund. Darum ist es wichtig, dass beide Partner bei dem Thema offen sind, ihre Finanzen zumindest im Groben kennen und finanzielle Entscheidungen auf Augenhöhe miteinander besprechen, unabhängig vom eigenen Einkommen. So haben mein Mann und ich zum Beispiel eine Summe festgelegt, bis zu der wir ohne große Abstimmung Geld ausgeben können. Alles, was darüber hinausgeht, wird in Ruhe (!) besprochen. Auch haben wir die Verantwortung über unsere Finanzen so unter uns aufgeteilt, wie es unseren Stärken entspricht: Ich habe den Überblick über Ausgaben und Fixkosten, er macht die Steuererklärung mit einer Software.

BLICK NACH INNEN: KLEINE PSYCHOLOGIE DES NEIDS

Es ist wunderbar inspirierend, über die neuen Medien Einblicke in ähnliche oder auch ganz andere Lebensentwürfe zu bekommen. Neben dem Internet bietet aber auch jeder Urlaub, jeder Kindergeburtstag, ja sogar jeder Spielplatzbesuch so viele Möglichkeiten, sich mit anderen zu vergleichen. Gleichzeitig lässt es sich nicht leugnen, dass man dadurch schnell in eine Unzufriedenheit hineingerät, die vorher nicht da war. Jemand hat einmal gesagt: „Der Vergleich ist der Anfang der Unzufriedenheit."

Dass man sich mit anderen Menschen vergleicht, ist völlig normal und menschlich. Die Psychologie spricht in diesem Zusammenhang vom sozialen Vergleich und diesem wird erst einmal eine positive Funktion zugeschrieben[22]. Denn er dient dazu, seine soziale Position zu ergründen und das eigene Selbstbild zu sichern. Menschen erhalten durch Vergleiche eine Rückmeldung über ihre Stärken und

Schwächen und ihren sozialen Stand in einer Gruppe. Der Vergleich hilft dabei, eigene Kapazitäten besser einzuschätzen, was wiederum vor Selbstüberschätzung bewahrt. Zudem kann man beim Vergleichen aus den Fehlern anderer lernen und es dann selbst besser oder geschickter angehen. Beim Vergleichen grenzt man sich ab, trifft Entscheidungen bewusster oder setzt unterschiedliche Prioritäten. Zu guter Letzt hilft Vergleichen manchmal auch schlicht dabei, sich besser zu fühlen.

Vergleicht man sich immer wieder mit einer Person, die in einem bestimmten Bereich besser dasteht als man selbst (in der Sozialwissenschaft spricht man von einem unvorteilhaften Aufwärtsvergleich), kann das zu Problemen führen. Das können Vergleiche mit Frauen mit einem höheren Familieneinkommen oder einem größeren Freundeskreis in der Gemeinde sein, aber auch mit Mamas von gewissen Blogs oder anderen Social-Media-Formaten. Besonders wenn eine Mutter durch Dauermüdigkeit, finanzielle Engpässe oder eine angespannte Partnerschaft schon kräftemäßig angegriffen ist, können solche unvorteilhaften Vergleiche die eigene Situation noch negativer und auswegloser erscheinen lassen.

Gerade ständige, ungünstige Vergleiche über die sozialen Medien können schwerwiegende gesundheitliche Folgen haben. Studien zeigen, dass der ständige Vergleich mit unrealistischen Vorbildern zu psychischen Erkrankungen wie Depressionen[23] führen kann. Die negativen Effekte treten dann besonders heftig auf, wenn das eigene Selbstbild nicht sehr positiv ist. Dazu kommen außerdem Schuldgefühle, weil man seine Ziele nicht erreicht und die eigenen Erwartungen nicht erfüllt hat. Der Grund für das Scheitern wird dabei nicht im falschen Vergleich, sondern in der eigenen Disziplinlosigkeit oder der Schwäche gesucht. Die Vergleichende fühlt sich vom Schicksal oder von Gott benachteiligt und hadert (noch mehr) mit ihrer persönlichen oder wirtschaftlichen Lage. Das kann zu Unzufriedenheit, Frust und eben zu Neid führen.

Laut Duden[24] ist Neid eine „Empfindung, Haltung, bei der jemand einem andern dessen Besitz oder Erfolg nicht gönnt und selbst haben möchte". Neid als Gefühl setzt sich aus mehreren Emotionen wie Ärger und Wut zusammen und führt zu Unterlegenheitsgefühlen sowie Missgunst. Neid meint also nicht, dass man sich aufgrund der Überlegenheit des anderen schlecht oder traurig fühlt, sondern beschreibt ein viel destruktiveres Gefühl. Denn der Neid beinhaltet den Wunsch, der beneideten Person zu schaden, ihr den Vorteil zu entreißen und ihn sich selbst anzueignen.

Der Neider begehrt also den Erfolg oder den Besitz des anderen und möchte all das Gute für sich allein. Dabei gesteht er sich seine Unterlegenheit oder Unfähigkeit im Vergleich mit der anderen Person ein. Dieses Bekenntnis zum eigenen Unvermögen beeinträchtigt wiederum das Selbstbild und kann über Selbstzweifel bis hin zu Selbsthass oder zur Selbstaufgabe führen. Neid hat demzufolge das Potenzial, den Charakter eines Menschen negativ zu verändern und seine Psyche tief greifend zu schädigen[25]. Nicht umsonst gibt es die Redewendung, dass jemand von Neid zerfressen sein kann.

Liegt ein Ausweg aus dem Neiden darin, sich nicht weiter zu vergleichen? Nein, denn das Vergleichen ist Teil der menschlichen Natur, die wir nicht einfach abstellen können. Hier ein paar Hinweise, wie man trotzdem gut mit dem Vergleichen umgehen kann:

1. Verzicht auf unrealistische Vergleiche
Es ergibt wenig Sinn, sich mit den besten oder sportlichsten oder reichsten Menschen zu vergleichen, denn das Erreichen dieser Ideale ist oft schlichtweg unmöglich. Auch Vergleiche mit Menschen aus den sozialen Medien gehören dazu, denn die gezeigte Lebenswelt ist nicht immer echt.

2. Die Frage nach der Wichtigkeit
Einige Dinge verlieren schon dadurch an Bedeutung, weil sie für die eigene Lebensqualität eigentlich keine wirkliche Bedeutung haben. Es wäre nett, sie zu haben, aber gerade im Blick auf die Endlichkeit des eigenen Lebens sind sie nicht unbedingt relevant. Das kann zum Beispiel eine bestimmtes Markenprodukt sein. Sind dagegen tatsächliche Mängel Ursache für den Neid, sollten diese Mängel angegangen werden. Dazu darf sich auch (psychologische) Hilfe gesucht werden.

3. Eigene Fähigkeiten verbessern, wo es geht
Ein althochdeutsches Wort mit derselben Bedeutung wie Neid war Eifer. Diesen Gedanken kann man nutzen, um sich in einem bestimmten Bereich anspornen zu lassen. Das kann zum Beispiel eine bestimmte Eigenschaft (gelassener werden) oder eine besondere Routine (einmal in der Woche Sport machen) sein. Andere Personen sind dann Vorbild und nicht mehr Ziel des Neids.

4. Eigene Grenzen anerkennen, sich aber auch eigene Stärken bewusst machen
Unzufriedenheit und Neid kann entstehen, wenn eine Person ein falsches Bild von sich hat oder ihre eigenen Fähigkeiten anzweifelt. Wenn also eine Frau davon ausgeht, dass ihre Freundin konsequenter ist als sie, muss sie davor erst einmal Zweifel in Bezug auf ihre eigene Konsequenz

gehabt haben. Diese Bewertungen im Vergleichsprozess geschehen dabei allerdings meistens völlig unbewusst. Ein Gespräch mit einer ehrlichen Freundin oder einer Seelsorgerin kann helfen, eigene Grenzen, aber auch Talente neu zu entdecken, zu formulieren und dann für den Alltag zu nutzen. Sind die eigenen Grenzen erkannt, geht man gelassener mit ihnen um und setzt sich nicht unnötig unter Druck. Das erhöht schließlich die Zufriedenheit und verhindert negative Vergleiche. So ist am Ende die eigene Konsequenz gar nicht so wichtig, weil andere Stärken in den Vordergrund rücken.

5. Dankbarkeit

Dankbarkeit an sich löst erst mal keine Probleme und schafft auch kein zusätzliches Einkommen. Dabei geht es auch nicht darum, jedes Problem als gottgewollte Prüfung umzudeuten, für die man dankbar sein muss. Dankbarkeit für die kleinen Dinge des Alltags senkt jedoch nachweislich den eigenen Neid. Eine dankbare Grundhaltung macht gelassener, was sich wiederum positiv auf die Gesundheit auswirkt. So kann besser auf Stress oder andere Notsituationen reagiert werden.

6. Seinen eigenen Wert definieren

Hier geht es vor allem um den Umgang mit Neid auf den Besitz anderer. Der Kleidungsstil oder die Einrichtung sagt immer etwas über den Charakter einer Person aus. Doch worauf sollte das Augenmerk gerichtet werden: auf die Persönlichkeit der Person oder auf die Dinge, die sie umgeben? Wenn sich eine Person vor allem über das definiert, was sie hat, wird sie immer unglücklich sein, denn es wird immer jemanden geben, der mehr hat. Ist sich eine Person aber ihres eigenen Wertes als gewolltes und geliebtes Kind Gottes bewusst, tappt sie nicht so schnell in diese Falle. Sie weiß, dass sie geliebt und wertgeschätzt wird, dass sie Talente hat und auch Schwächen, zu denen sie stehen kann. Sie kann sich mit schönen Dingen umgeben, ohne sie immer mit anderen zu vergleichen.

Zum Abschluss noch ein zwei Tipps an diejenigen, die von anderen beneidet werden. Der erste besteht darin, sich selbst als fehlbar zu zeigen und nicht nur über das zu sprechen, was einem gelungen ist. Als Zweites empfiehlt sich Sympathie als Vorbeugung gegen Neid, denn Menschen, die einem sympathisch sind, werden weniger beneidet[26].

Von den sieben Todsünden ist Neid die dümmste. Wer auf andere neidisch ist, fühlt sich deswegen nicht besser, sondern schlechter. Das ist bei Völlerei anders – ganz zu schweigen von Wollust.
Warren Buffett

BLICK IN DIE BIBEL: FRAUEN UND GELD IN DER BIBEL

Im Buch der Sprüche im 31. Kapitel steht die Beschreibung der bestmöglichen Ehefrau, sie soll einem jungen Mann bei der Auswahl seiner zukünftigen Ehefrau helfen. Dadurch, dass jeder der Verse mit einem anderen Buchstaben in der Reihenfolge des hebräischen Alphabets beginnt, springen die Gedanken von Vers zu Vers manchmal stark hin und her. Im Ganzen geht es jedoch darum, den jungen Mann dazu zu ermutigen, das Augenmerk auf ihre inneren Werte und ihre Talente zu legen, statt nur auf die äußere Erscheinung einer Frau zu achten. Außerdem wird ihm deutlich gemacht, welche finanziellen und handwerklichen Freiheiten er seiner Frau einzuräumen hat.

Als Leserin kann man sich leicht von der hohen Messlatte dieses Bibeltextes entmutigt fühlen. Jedoch wird hier nicht eine einzelne, ideale Frau beschrieben. Vielmehr stellt der Text verschiedene Aspekte des Frauseins dar, in denen sich jede Frau auf die eine oder andere Art wiederfinden kann. Die Mutterrolle wird in den Versen wenig thematisiert, doch die beschriebene Frau ist eindeutig auch Mama (in Vers 28 werden Kinderreichtum und Erziehung erwähnt). Es geht in diesem Text vordergründig um die vielfältige Versorgung der Familie, bei der die Frau ihre verschiedenen Gaben einsetzt. Im Folgenden werden besonders die Stellen betrachtet, die sich mit Finanzen befassen.

Sie hält nach einem Feld Ausschau und kauft es, um von dem Gewinn einen Weinberg anzupflanzen.
Sprüche 31,16

Dieser Vers beschreibt die finanzielle Freiheit und Weitsicht der Frau, was sich in ihrem Geschick bei Investitionen zeigt. Sie hat eigene finanzielle Mittel, über die sie frei verfügen kann, und sie weiß damit umzugehen. Sie plant, einen Weinberg zu erwerben. Dazu verhandelt und kauft sie erst einmal einen Acker, um ihre Finanzen zu vermehren. Damit investiert sie also mit der Absicht, Gewinn zu erzielen. Sie hat ihr Geld gut angelegt, denn ihr Plan geht auf.

Außerdem scheint sie gut Bescheid zu wissen über Dinge wie Bodenbeschaffenheit und Bewässerung, denn nur so konnte sie ein gutes Feld auswählen und es gewinnbringend bewirtschaften. Das Bepflanzen eines Weinbergs ist harte Arbeit an einem abschüssigen Hang. Wahrscheinlich stellt sie einen kundigen Weinbauern für die Arbeit an oder wählt die fähigsten Knechte aus, wofür sie Fachkenntnisse, aber auch gute Menschenkenntnis benötigt.

Ein Weinberg ist keine einmalige Aufgabe, er muss gepflegt und instand gehalten werden und die Trauben müssen geerntet und verarbeitet werden. Um gewinnbringend zu wirtschaften, muss sie langfristig Finanzen und Arbeitskräfte planen und verwalten. Es geht dabei nicht nur um ihren finanziellen Zugewinn, sie trägt auch die Verantwortung für all ihre Angestellten.

> *Sie fürchtet den Winter nicht für ihre Familie, denn alle haben warme Kleidung. Sie näht ihre Decken selbst. Sie kleidet sich in Gewänder aus feinstem Tuch. Sie strahlt Kraft und Würde aus, und sie lacht und hat keine Angst vor dem kommenden Tag.*
> *Sprüche 31,21-22+25*

In diesen Versen wird besonders ihr Weitblick bei der Versorgung ihrer Familie in schwierigen Zeiten in den Mittelpunkt gestellt. Sie weiß um den kommenden Winter und ist bereit, denn sie hat vorgesorgt und dabei auch an ihre Kinder und Hausangestellten gedacht. Sie macht sich keine Sorgen um die Zukunft und fürchtet sich nicht vor harten Zeiten. In ihrer Position als Hausherrin hat sie verfügt, dass Kleidung und warme Decken für alle angefertigt werden.

Wahrscheinlich haben ihre Mägde und ihre Töchter ihr dabei geholfen, doch die Initiative und die Organisation gingen von ihr aus und auch die Arbeiten selbst führt sie mit durch. Weil sie bereits vorher gut gewirtschaftet hat, konnte sie gute und warme Materialien verwenden. Und sie hat sich selbst etwas gegönnt (feinstes Tuch), was ihr als Hausherrin zusteht. Ihr ist klar, dass die kalte und raue Zeit im Winter nicht einfach werden wird, und doch kann sie dieser Zeit fröhlich und ohne Angst entgegenblicken, denn durch diese Vorbereitungen auf schwierige Zeiten fühlt sie sich sicher.

Über das Thema Finanzen muss als Paar gesprochen werden. Wer am Ende wie viel Geld einbringt oder ausgibt, spielt keine so große Rolle mehr, wenn dieser Bereich für beide klar geregelt ist. Das Thema ist nicht mit nur einem Gespräch erledigt, sondern muss immer wieder neu gedacht und erörtert werden, sobald sich Lebensumstände ändern oder Unzufriedenheit auftaucht. Auch wenn der Partner weiterhin die finanziellen Entscheidungen trifft und die finanzielle Verantwortung für die Familie trägt, so ist die Frau dann zumindest über die grundlegenden Zahlen und Verträge im Bilde und es gibt im Ernstfall weniger böse Überraschungen.

Buchtipps

Wer sich ausführlicher mit dem Thema Neid und seine Folgen befassen möchte, dem sei das Buch *Todsünden in der Seelsorge* von Anton Bucher empfohlen. Zum Thema Finanzen eignet sich das Buch *Moneyqueen – fabelhafte Finanztipps in jeder Lebenslage* von Meike Schreiber und Angelika Slavik.

Fragen zum Weiterdenken

Lebensgestaltung
» Welchen Lebensstandard sind beide gewöhnt?
» Welcher Lebensstandard ist realistisch?
» Reicht das Geld für unsere Vorstellungen?
» Was brauchen wir wirklich, was wäre nicht notwendig, ist aber nice to have?
» Wenn die Finanzen knapp sind, können eher das Geld oder die Erwartungen angepasst werden

Lebenszufriedenheit

» Definiere ich mich über mein Einkommen?
» Wie viel finanzielle Unabhängigkeit brauche ich?
» Wie viel finanzielle Sicherheit brauche ich?
» Wie gehe ich mit finanziell besser oder schlechter aufgestellten Freunden/Familienmitgliedern um?

Einnahmen

» Wie viel Geld ist da (Einkommen, Erbe, ...)?
» Wer bringt wie viel ein?
» Wo können wir im Notfall am Einkommen Veränderungen vornehmen?
» Wie gehen wir mit Geldgeschenken um?
» Wie versteuern wir unser Einkommen sinnvoll?

Ausgaben

» Gibt es private Schulden?
» Welche Kredite gibt es?
» Müssen Alimente gezahlt werden oder Pflegebeiträge?
» Wer entscheidet über die Höhe der Ausgaben?
» Ab welcher Ausgabenhöhe muss vorher gesprochen werden?
» Wer bezahlt was oder gibt es ein gemeinsames Konto?
» Welchen Umfang sollen Geldgeschenke in der Familie haben?
» Wofür wird wie viel Geld gespendet?

Vorsorge

» Wie sieht eine Versorgung des Partners und möglicher Kinder im Todesfall aus?
» Welche Versicherungen gibt es?

» Bei Eigentum: Wer ist Eigentümer?

» Haben beide Partner eine finanzierbare, angemessene Altersvorsorge?

» Können wir Geld zurücklegen? Wenn ja, wie?

» Haben beide für den Notfall eine Vollmacht bei getrennten Konten?

Kinder

» Kann oder soll für die Kinder etwas zur Seite gelegt werden?

» Geben andere Familienmitglieder etwas? Wie soll das Geld eingesetzt werden?

» Wie bereiten wir die Kinder auf den Umgang mit Geld vor? (Taschengeld, Geschenke, Verantwortung)

» Ab wann sollen die Kinder selbst über Geld verfügen?

» Wie bereiten wir die Kinder auf ihre Berufswahl auch im Blick auf Finanzen vor?

Meine Finanzen

» Wofür gebe ich gern Geld aus?

» Wo komme ich finanziell an meine Grenzen?

» Welche finanziellen Möglichkeiten gibt mir mein Beruf?

» Ist meine Arbeit nur Geld verdienen oder auch Sicherheit, sinnvolle Beschäftigung?

» Ist das Geld meines Mannes auch mein Geld? Wenn nicht, ist es so trotzdem okay für mich?

Tochter sein

Meine Eltern wohnen am anderen Ende von Deutschland, weshalb wir uns in der Regel mehrere Tage am Stück besuchen. Das funktioniert gut, weil wir sehr offen miteinander kommunizieren können. Dabei ist ein Thema ein Dauerbrenner: ein besonders teurer Designersessel, den man wunderbar für wilde Karussellfahrten nutzen kann. Die Regel für unsere Kinder ist seit Jahren dieselbe: Sie dürfen sich darauf drehen, sollen jedoch mittig auf der Sitzfläche sitzen, was natürlich nicht immer klappt. Schon am ersten Tag unseres Besuches fiel mir auf, dass ich deshalb innerlich mit einer Art „Sesselradar" immer auf Sendung war, um rechtzeitig eingreifen zu können.

Zwei Tage später bat mich meine Mama abends um Entschuldigung: Sie sei über den Tag hinweg manchmal so angespannt wegen des Sessels, dass sie nicht so frei mit den Kindern spielen könne, wie sie das eigentlich gerne würde. Dabei wünsche sie sich eigentlich nur einen vorsichtigeren Umgang der Kinder mit manchen Dingen wie dem Sessel. Wie ähnlich ich mich ihr in dem Moment fühlte!

Lisa-Felicitas

Mama zu werden verändert das Leben so stark wie kaum etwas anderes. Da ist es nicht verwunderlich, dass es aufgrund der Tragweite der Lebensentscheidung für ein Kind jede Menge Ratgeber, Erfahrungsberichte, Blogs, Podcasts und mehr gibt, die sich mit allen Facetten des Mamaseins beschäftigen. Im Gegenteil: Es ist mittlerweile kaum mehr möglich, sich diesen Stimmen von außen zu entziehen, so zahlreich sind sie geworden.

Obwohl wir deshalb vermeintlich gut gewappnet und mit guten Vorsätzen und Ideen ins Mamasein starten, zeigt sich doch immer wieder: Der Alltag mit Kindern ist manchmal so unvorhersehbar, so unplanbar, dass man auch ohne nachzudenken oder nachzulesen reagieren und handeln muss – einfach, um schnell genug zu sein. Bei diesen automatischen Reaktionen greifen wir also zwangsläufig auf Wissen und Erfahrungen zurück, die von innen kommen. Dieses intuitive Wissen umfasst unseren inneren *Normalzustand*, also das, wie wir als Kinder durch unsere eigenen Eltern beziehungsweise Bezugspersonen geprägt wurden. Wir nutzen unbewusst deren Verhaltensweisen und Werte, wie sie zum Beispiel ihre Berufstätigkeit und den Haushalt organisierten oder wie mit starken Emotionen umgegangen und auf welche Dinge in der Erziehung besonders geachtet wurden.

Einige dieser ungeschriebenen Verhaltensmuster unserer Herkunftsfamilie haben bis in unser Erwachsenenleben überdauert, und zwar die, die am besten unsere kindlichen Grundbedürfnisse erfüllten und darum von uns als hilfreich erlebt wurden. Wie im Eingangsbeispiel geschildert, prägen diese dann zumeist unbewusst unser eigenes Verhalten weiter.

Mama zu werden und zu sein ist deshalb untrennbar damit verknüpft, Tochter zu sein. Dabei steht jeder Mama durch ihr Tochtersein ein großer Umfang an intuitivem Wissen zur Verfügung. Was wir für uns automatisch als normal annehmen, ist jedoch individuell und für andere manchmal überhaupt nicht selbstverständlich. Das zeigt sich meistens bereits in der Zeit vor den eigenen Kindern, während man sich zusammen mit seinem Partner auf das Elternsein vorbereitet und Vorstellungen und Ideen für den gemeinsamen Alltag teilt.

Einiges Erfahrungswissen haben wir dabei jedoch so tief abgespeichert, dass erst der Umgang mit den eigenen Kindern diese unbewussten, intuitiven Muster zu aktivieren schafft – und uns als Mama dann nicht selten überrascht. Überrascht, weil man in der eigenen Stimme auf einmal die eigene Mutter hört. Überrascht, weil man sich auf einmal selbst wieder wie ein Kind benimmt oder weil man so doch nie werden wollte.

Kurz zusammengefasst: Wer du als Mama bist und wie du als Mama sein möchtest, darauf haben die Mamas vor uns (deine und deren Mama) einen entscheidenden Einfluss.

Schaut man auf die prägenden Lebensumstände der Frauen in den Generationen unserer eigenen Mamas und Omas, ist der deutlichste Unterschied zu heute, dass ein klares Rollenbild für Frauen vorgesehen war. Pflichtbewusstsein und eine gute Arbeitsmoral wurden ihnen schon von klein auf anerzogen und mit Strenge eingefordert. Als junge Frau gehörte es sich, zu heiraten, Kinder zu bekommen, fürsorglich gegenüber diesen und dem hart arbeitenden Ehemann zu sein – und dabei gut auszusehen.

Entsprechend viele Werbeplakate lassen sich aus der Zeit der 50er- und 60er-Jahre im Netz finden, in denen Frauen in hochhackigen Schuhen, mit perfekt sitzender Frisur und Lippenstift in der Küche stehen und sich überschwänglich über ein neues Haushaltsgerät oder Putzmittel freuen. Bei den allermeisten Werbeslogans aus dieser Zeit bekommt frau heute im besten Falle große Augen – im schlechtesten lässt einen das Lesen wütend zurück ob ihres sexistischen

Rollenbildes, das eine eigene Berufstätigkeit oder auch weiterführende Bildung für Frauen schlicht nicht vorsah.

In der Alltagsrealität in Westdeutschland führte dies nicht selten dazu, dass Frauen nach ihrer Hochzeit von den perfektionistischen Ansprüchen an sie überfordert waren, da sie es allen recht machen, dabei immer freundlich sein und gut aussehen sollten. Längerfristig folgte auf die Überforderung jedoch häufig die Unterforderung. Denn waren die Kinder selbstständiger oder ganz aus dem Haus, blieben ihnen wenig sinnvolle Betätigungsfelder außerhalb des eigenen Zuhauses.

Mit besonderen Schwierigkeiten waren zudem alleinerziehende Frauen konfrontiert: Aufgrund sehr weniger beruflicher Ausbildungsmöglichkeiten und Stellen war es ungemein schwierig, sich den Lebensunterhalt eigenständig zu verdienen, besonders weil Kinderbetreuung bis ins Vorschulalter als Aufgabe der Familie angesehen wurde.[27]

Etwas anders sah es diesbezüglich für Frauen in der ehemaligen DDR aus. Das sozialistische System betrachtete Frauen als feste Arbeitskräfte im eigenen Wirtschaftssystem, weshalb sich die staatlich oder betrieblich organisierte Kinderbetreuung an deren Arbeitszeiten zu orientieren hatte.[28] Kinder ganztägig fremdbetreuen zu lassen, wurde als völlig normal angesehen. Es bestanden sogar Wochenkrippen, bei denen man sein Kind lediglich an den Wochenenden daheim betreute. Weil Erziehung als Sache des Staates angesehen wurde, hatten demnach Krippen genau wie Schulen und andere Ausbildungsorte den Auftrag, die sozialistische Persönlichkeit eines Menschen zu bilden.

Die Hauptverantwortung für das Führen des Haushaltes wurde trotzdem den Frauen zugeordnet – wenn auch ein weniger perfektes Idealbild diesbezüglich geprägt wurde. Das lag besonders daran, dass Familien geringere Wohnflächen besaßen, das Wirtschaftssystem auf Gleichheit anstatt auf Konsum ausgerichtet war und dass die Frauen in der Regel den Haushalt neben der Berufstätigkeit führten. Eine besondere Herausforderung für Frauen bestand zudem darin, ihre Familien trotz knapper Waren ausreichend mit gesunden Lebensmitteln oder passender Kleidung zu versorgen.

Auch wenn somit im Osten und Westen der Frau die Verantwortung für den Haushalt zugedacht war, zeigen bereits diese knappen Zusammenfassungen, wie unterschiedlich unsere Mamas und Omas geprägt wurden. Noch mehr Unterschiedlichkeit erklärt sich dadurch, wenn man bedenkt, welch weitreichendes gesellschaftliches Umdenken durch die 68er-Revolution im Westen in Bezug auf die Rechte, Freiheiten und Möglichkeiten von Frauen und Beziehungsformen angestoßen wurde.

Im Osten wiederum wurde schließlich die gesamte Staats- und Gesellschaftsstruktur durch die Wende Ende der 80er-Jahre radikal verändert. Anders ausgedrückt erlebten und prägten die Generationen vor uns also einen unglaublichen Zuwachs an individuellen Freiheiten und Möglichkeiten, in deren Veränderungsdynamik heutige Mamas hineingeboren wurden – mit all den benannten positiven, aber auch negativen Konsequenzen wie zum Beispiel dem Wegfall von Orientierungshilfen und dadurch ausgelösten Verunsicherungen.

BLICK NACH INNEN: PRÄGUNGEN

Aus der Psychologie und Psychotherapie wissen wir heute viel darüber, wie unsere Prägungen unser Denken, Handeln und Fühlen beeinflussen und wie wir dadurch entstehende Stolpersteine aus dem Weg räumen können. Ein weit verbreitetes und mittlerweile auch populär-wissenschaft-lich bekanntes Konzept, welches sich seit den 1960er-Jahren entwickelte, ist das des inneren Kindes. Damit sind alle Prä-gungen unseres Denkens, Fühlens und Handelns gemeint, die aus unserer Kindheit stammen und die uns weitestge-hend unbewusst sind.

Neben diesem unbewussten Teil unserer Psyche gibt es noch weitere Anteile, die alle zusammen unsere psychische Struktur bilden: den bewussten, erwachsenen Teil und ei-nen, der wie eine Art moralische Instanz funktioniert. Freud nannte diese drei Teile das Es, Ich und Über-Ich. In moder-nen Therapieformen, wie zum Beispiel der Schematherapie, spricht man vom Kindheits-, dem Erwachsenen- und dem Eltern-Ich.[29] Alle Ansätze haben gemeinsam, dass sie das Er-wachsenen-Ich, also den Sitz des bewussten Denkens und damit auch die Fähigkeit, das eigene Verhalten zu reflektie-ren, stärken wollen. Die Idee dahinter ist simpel: Wer seine unbewussten Muster kennt, wird fähig, bewusst zu handeln, anstatt automatisch zu reagieren.

Verhaltensweisen, die für uns als Kind vielleicht sinn-voll waren, uns im Erwachsenenalter aber im Weg stehen, können wir dadurch überwinden. Wenn ich beispielsweise eine sehr aufbrausende Mama hatte, die andere Herange-hensweisen als ihre eigenen mit Ablehnung und Strafen be-legte, ist die Wahrscheinlichkeit hoch, dass ich mich als Kind deshalb überwiegend angepasst und zurückhaltend ver-hielt, um Bestrafungen zu vermeiden. Diese Strategie steht mir aber als erwachsene Frau insofern im Weg, als dass ich zum Beispiel meine eigenen Kinder ebenfalls anschreie, wenn diese (berechtigte) Einwände haben, und danach von schlech-tem Gewissen geplagt werde, weil ich doch so nie werden wollte.

Oder es fällt mir unheimlich schwer, meinen eigenen

Standpunkt in Erziehungsfragen neben meinem Mann zu behaupten. Dadurch verläuft die Beziehung zwar oberflächlich harmonisch. Innerlich erlebe ich aber häufig Wut auf meinen Mann, die ich mir nicht wirklich erklären kann und die zu einem Verlust an Nähe in der Beziehung führt.

Was sich so herrlich simpel und gut nachvollziehbar erklären lässt, ist allerdings im Alltag nicht immer einfach umsetzbar. Schon allein deshalb, weil man Ruhe und Zeit benötigt, um viele einzelne Erfahrungen miteinander zu vergleichen und Muster zu erkennen. Eine für den Mama-Alltag hilfreiche Faustregel ist deshalb folgende: Achte auf Situationen, in denen du sehr dünnhäutig und vielleicht sogar sofort aggressiv reagierst.

Hier lohnt es sich, besonders hinzuschauen, weil dein Verhalten potenziell besonders negative Konsequenzen für dich und dein Umfeld haben kann. Und weil die Heftigkeit deiner Reaktion auf einen Anteil deines inneren Kindes hinweist, der mit besonders starken negativen Emotionen und Erfahrungen verbunden sein dürfte. Weil diese Erfahrungen so schmerzhaft für dich waren, hast du in der Kindheit viel dafür getan, um sie nicht oft erleben zu müssen und dich vor ihnen zu schützen. Kein Wunder also, dass du bis heute versuchst, Situationen, die diese Kindheitserfahrungen reaktivieren, mit aller Macht zu vermeiden.

Deine Aggressionen und deine Dünnhäutigkeit wirken also wie eine Art Beschützer. Auch deine Ablehnung darfst du so verstehen. So unangenehm und so beschämend die eigenen Reaktionen für dich vielleicht sein mögen – wenn es dir mit deinem Erwachsenen-Ich gelingen sollte, sie mit besonders schwierigen und schmerzhaften Kindheitserfahrungen in Zusammenhang zu bringen, werden deine automatischen Verhaltensweisen höchstwahrscheinlich Sinn ergeben. Du versuchst schlicht zu vermeiden, noch einmal die schmerzhaften Erfahrungen deiner Kindheit erleben zu müssen.

Hast du erst einmal diese Einsicht gewonnen, kannst du für dein verletztes inneres Kind sorgen, indem du mit anderen über diese Erfahrungen sprichst und versuchst, sie deinen Bezugspersonen zu vergeben, damit die offenen Wunden heilen können.

BLICK IN DIE BIBEL: EVA – MAMA SEIN OHNE EIGENE MUTTER

Eva war die erste Mutter überhaupt, was bedeutet, dass sie die Aufgabe der Mutterschaft ganz allein erkunden musste. Sie wusste nicht, wie lange eine Schwangerschaft dauert und wie sich die Geburt genau ankündigt. Bei Themen wie Stillen oder Erziehung hatte sie keinerlei Hilfe und sie konnte niemanden bei der Geburt um Unterstützung bitten und auch nicht auf die Erfahrung anderer zurückgreifen. Eva blieb nichts anderes übrig, als auf ihren Instinkt zu vertrauen und ansonsten musste sie vieles einfach ausprobieren.

Sie hatte noch nie vorher ein menschliches Baby gesehen oder gehalten, sie wusste nicht, wie man es richtig anlegt oder ab wann es feste Nahrung essen konnte. Sie wusste nicht, wie warm sie das Kind anziehen musste oder wie man mit Trotzanfällen umgeht. Es gab keine Bücher oder gar das Internet, wo sie Hilfe finden konnte, keine Freundinnen oder eine Mutter, die sie um Rat fragen konnte. Vielleicht hat sie nicht immer alles richtig gemacht, doch sie hat es geschafft: Ihre Söhne Abel und Kain starben nicht in jungen Jahren an Krankheiten oder Unterernährung, sie wurden groß und waren so weit auf das Erwachsensein vorbereitet, dass sie sich ihr eigenes Leben aufbauen konnten.

Die folgende Katastrophe, der Brudermord, wird Eva nicht zum Vorwurf gemacht. Aus Gottes Sicht war es nicht ihr Fehler oder ihre falsche Erziehung, die zu dieser Bluttat geführt haben, er nimmt allein Kain in die Verantwortung. An anderen Stellen in der Bibel finden wir durchaus Berichte, wo der Mutter eine Mitschuld am Fehlverhalten ihrer Kinder gegeben wird (siehe Rebekka oder Isebel), aber eben nicht hier bei Eva.

Die Bibel berichtet nichts darüber, wie Eva mit dieser Tragödie fertig geworden ist, war sie doch auch die erste Mutter, die den Verlust eines Kindes ertragen musste. Eva schafft es trotz allem, mutig nach vorn zu schauen. Und sie bekommt nach all dem Schmerz noch mindestens ein weiteres Kind.

Auch heute gibt es Frauen, die keine Mutterschaft erlebt haben. Das kann durch den frühen Tod der Mutter geschehen sein oder durch ihre ständige Abwesenheit aufgrund von Arbeit oder einer Krankheit. Einige sind als Kind zu ihrem eigenen Schutz oder aufgrund politischer Entscheidungen von ihrer Mutter getrennt worden, andere Frauen sind vielleicht mit ihrer Mutter aufgewachsen, haben sie aber als lieblos und desinteressiert erlebt. Gemeinsam ist all diesen Frauen, dass sie keine Erfahrungen mit liebevollen Müttern machen konnten und nur vom Erzählen anderer wissen, wie eine Mutter sein soll.

Wenn sie selbst Kinder bekommen, fehlt ihnen daher ein konkretes Vorbild oder gar eine Ahnung, was Muttersein eigentlich ausmacht. Einigen fällt es leicht, sich gerade dadurch ganz auf ihr Bauchgefühl zu verlassen, andere Mamas fühlen sich überfordert und allein gelassen. Manche Frauen haben sich das Ideal einer sorgenden und immer präsenten Mutter erdacht, welche sie selbst gerne gehabt hätten, scheitern aber bei der Umsetzung dieses unrealistischen Bildes.

Glücklicherweise gibt es heute viele Möglichkeiten der Unterstützung durch Hebammen oder die Familienhilfe, aber auch durch Bücher oder Blogs. Zudem kann es sinnvoll sein, besonders bei einer fehlenden Mutterfigur, die eigene Geschichte und das eigene Mutterbild mit einer Seelsorgerin oder Therapeutin zu besprechen. Außerdem hilft es, sich immer wieder Gottes Unterstützung auch beim Mamasein zusprechen zu lassen.

BLICK AUF MICH – TIPPS UND ANREGUNGEN

Nach der Geburt meiner Söhne habe ich (Dorothée) ein bisschen *Ahnenforschung* betrieben und mich mit meinen Eltern/Schwiegereltern und den noch lebenden Großeltern über ihre Familien unterhalten. Über viele Themen wurde bei uns lange nicht gesprochen, sodass es ein wenig Fingerspitzengefühl bedurfte, hinter die eine oder andere Fassade zu schauen. Dabei kamen schöne Erinnerungen zutage, die ich gerne meinen Kindern weitergeben möchte. Aber auch die Tendenz zu bestimmten negativen Verhaltensweisen wurde offensichtlich, die ich jetzt besser bei meiner Erziehung berücksichtigen kann oder die mir helfen, besser mit meiner psychischen Gesundheit umzugehen.

Außerdem kann der Austausch mit den erwachsenen Geschwistern über die gemeinsame Kindheit sehr interessant sein, weil dieselben Begebenheiten ganz unterschiedlich wahrgenommen werden. Das kann auch den eigenen Blick auf die Eltern erweitern.

Wer tiefer in die Thematik einsteigen möchte, dem sei das wunderbare Buch *Kind, du machst mich wahnsinnig* von Bastian Willenborg wärmstens empfohlen![30]

Fragen zum Weiterdenken

» Was verbinde ich mit meiner eigenen Mutter?
» Wie habe ich den Kontakt zu meinen Großmüttern erlebt?
» Wie war das Verhältnis zwischen meinen Eltern und ihren Müttern?
» Was sind Themen, auf die ich besonders dünnhäutig, wenn nicht sogar aggressiv reagiere?
» Welche alten Erinnerungen kann ich meiner Mama, meinem Papa vergeben?
» Welche Erwartungen haben mich geprägt?
» Welche Erwartungen werden an mich persönlich als Mutter gestellt?

Engagiert sein

Als ich in meiner zweiten Elternzeit war, habe ich mich hoch motiviert für die Elternvertretung in der Kita gemeldet. Wir wurden als ein Team von fünf Personen gewählt und wollten uns regelmäßig austauschen und mit der Kita-Leitung treffen. Am Ende des Kita-Jahres war ich nur bei einem einzigen Treffen dabei, weil entweder der Termin nicht gepasst hat oder eines der Kinder krank war. Das war ein sehr frustrierender Start in die Welt der engagierten Mamas, aber wohl auch ein recht realistischer.

    Dorothée

Die meisten Mamas sehnen sich nach einer gewissen Zeit, die sie nur mit ihren Sprösslingen und der Hausarbeit verbracht haben, nach einer neuen Aufgabe. Sie möchten sich neuen oder anderen Herausforderungen stellen, ihre Gedanken um andere Themen als Haushalt und Kinder drehen lassen und auch mit anderen Menschen wieder mehr in Kontakt kommen. Für einige Frauen ist das der Punkt, an dem sie wieder ins Berufsleben starten oder dort einen größeren Verantwortungsbereich übernehmen, andere beginnen sich in einem Ehrenamt zu engagieren.

    Die Auswahl hierbei ist groß: Manche Mama wagt sich wie ich vorsichtig an die Stelle der Elternvertretung in der

Kita, andere werden im Personalrat ihrer Firma aktiv. In vielen Vereinen kann mitgemacht werden, zum Beispiel als Betreuerin bei Sportveranstaltungen, Tierheime freuen sich über tierliebe Helfer und die Flüchtlingshilfe ist immer auf Unterstützung angewiesen. Politisch kann man sich ebenfalls einbringen, denn besonders in der Kommunalpolitik ist ehrenamtliche Unterstützung unabdingbar. Auch in der Kirchengemeinde ist viel möglich von der Begleitung der Kinderstunde bis hin zur Übernahme eines Ältestenamtes.

Schaut man sich die Bedeutung des Begriffs *engagieren* im Duden[31] an, findet man die Erklärung: „Sich bekennend für etwas einsetzen, sich binden." Engagement setzt sich also aus drei Aspekten zusammen: das Bekenntnis zu etwas, das Einsetzen für ein bestimmtes Anliegen und Verbindlichkeit. Überträgt man diese Definition auf eine ehrenamtliche Arbeit im Verein oder in der Gemeinde, dann bekenne ich mich zu dieser Gruppe und ihren Werten, ich setze mich für ihre Ziele ein und ich lege mich für einen bestimmten Zeitraum fest, in dem ich diese Aufgabe verbindlich übernehme.

Doch Engagement muss sich nicht zwingend in der Übernahme einer ehrenamtlichen Aufgabe zeigen. Alle drei Aspekte lassen sich auch auf andere Bereiche übertragen, zum Beispiel das Thema Gebet: Viele Mamas beten in einer verbindlichen Regelmäßigkeit für ihre Kinder, setzen sich also vor Gott für sie ein und bekennen damit ihren Glauben und ihre Abhängigkeit von Gott. Engagement zeigt sich zudem in alltäglichen Dingen wie der Pflege und Einrichtung der eigenen Wohnung oder der Ausgestaltung einer Geburtstagsparty für den dritten Geburtstag der Jüngsten. Auch die Vorbereitung eines Frauentags oder das Organisieren des Flohmarkts in der Kita wird überwiegend von Mamas übernommen, die von dieser Idee begeistert sind und sich mit ihrer freien Zeit und Kraft dafür einsetzen, dass es ein schönes Erlebnis für alle wird. Engagement zeigt sich also immer in Bereichen, für die wir eine Leidenschaft haben und in denen wir mit Hingabe aktiv sind.

Paradoxerweise haben Frauen eine Tendenz dazu, ihr Engagement für ihre Familie, die Gemeinde oder ihren Verein gering zu schätzen, weil es nicht besonders sichtbar ist und auch keine finanziellen Vorteile bringt. Wenn sie nicht erwerbstätig sind, fühlen sie sich in ihrer Rolle als Hausfrau und Mutter herabgesetzt und beginnen sich für diese Entscheidung zu rechtfertigen, ganz ähnlich wie erwerbstätige Frauen mit kleinen Kindern es in Bezug auf ihre Berufstätigkeit tun. Denn diese wiederum haben zuweilen ein schlechtes Gewissen, dass sie sich nicht mehr in andere Projekte einbringen können, weil ihre Kraft mit Beruf und Familie bereits aufgebraucht ist.

Besonders beim Thema Engagement müssen wir Mamas uns gegenseitig immer wieder zugestehen, dass wir sehr unterschiedlich sind. Uns verbindet zwar das Mamasein, doch sonst sind wir im Charakter, in unseren Stärken und Interessen ganz verschieden. Diese Unterschiedlichkeit zeigt sich auch in der Art, wie und wo wir uns engagieren. Nicht jede Frau legt großen Wert auf Umweltschutz oder fühlt sich in einem Gebetskreis für Mamas wohl. Aber gerade durch die Vielfältigkeit unserer Gaben können wir ganz viele Bereiche abdecken und ein Licht an ganz unterschiedlichen Orten sein.

Engagement ist nicht das Gegenteil von Berufstätigkeit, sondern eine Haltung, mit der wir die vor uns liegenden Aufgaben angehen: mit Einsatz, einem festen Bekenntnis und dem Mut, uns an etwas zu binden. Das gelingt sicher nicht bei jedem Handgriff im Alltag und nicht immer sind wir mit Feuereifer bei allem dabei, was wir tun. Wenn wir aber (vielleicht auch nach einigem Ausprobieren) manche Bereiche in unserem privaten oder beruflichen Alltag gefunden haben, die uns begeistern, ist das eine große Bereicherung für alle. Die Kinder und vielleicht auch der Partner erleben Mama dann von einer neuen Seite.

BLICK NACH INNEN: SICHERHEIT UND BEDEUTUNG FINDEN

Nach dem Theologen Lawrence J. Crabb strebt jeder Mensch in seinem Leben nach *Sicherheit* und *Bedeutung* und bezieht daraus seinen Wert.[32] Die maximale Sicherheit und die größte Bedeutung finden sie laut Crabb in der Beziehung zu Gott und in der Gewissheit, von ihm geliebt und angenommen zu sein. Doch prägen diese Begriffe nicht nur unseren Glauben, sondern auch unser alltägliches Denken und Handeln. Jeder Mensch sehnt sich danach, geliebt und angenommen zu sein. Das geschieht zuerst bei den Eltern, später in Freundschaften und in der eigenen Partnerschaft. Aber auch am Arbeitsplatz, in der Nachbarschaft oder der Kirchengemeinde möchten Menschen gemocht und respektiert werden.

Menschen erleben Sicherheit, wenn sie ihre Position in einer Gruppe kennen und sich dort angenommen und beachtet fühlen. Dann haben sie die Gewissheit, dass sie in ihren Meinungen und Gefühlen akzeptiert werden und dass ihnen bei Problemen jemand zur Seite stehen wird. Erfahren sie diese Sicherheit nicht, sehen sie sich nicht als vollwertiges Teil der Gemeinschaft und sind sich ihrer eigenen Position und ihres eigenen Wertes nicht sicher. Sie versuchen dann, diese Sicherheit mit ihren eigenen Mitteln zu erzeugen. Je nach Charakter kann dies durch Anhänglichkeit und Eifersucht geschehen, aber auch durch übertriebene Kontrolle oder überspannte Erwartungen an andere.

Bedeutung finden Menschen darin, wenn sie ihre Meinung wertgeschätzt wissen und erleben, dass sie Dinge in ihrem Umfeld beeinflussen oder gar verändern können. Das gilt sowohl in ihren Beziehungen als auch für ihren Arbeitsplatz oder ihr Engagement zum Beispiel in der Gemeinde. Diese Menschen haben das Gefühl, dass man ihnen zuhört und sie ernst nimmt. Sie wissen, dass ihre Meinung, ihre Gedanken und Gefühle einen Wert haben und relevant sind.

Erfahren Menschen allerdings diese Art von Bedeutung nicht, zum Beispiel weil ihre Meinung innerhalb der Partnerschaft nicht zählt oder sie auf der Arbeit keinerlei Mitbestimmungsrecht haben, schätzen sie auch ihren eigenen Wert als geringer ein. Die Folgen dieses Empfindens können Minderwertigkeit und extreme Zurückhaltung sein. Sie erleben sich als zu gering, um gehört zu werden, und zu unbedeutend, um gesehen zu werden. Aber auch das andere Extrem ist möglich: Diese Personen stellen sich selbst gerne in den Mittelpunkt, betonen ihre eigene Wichtigkeit übertrieben oft und reagieren mit falschem Stolz auf ihre schwierige Situation.

Leider schätzen viele Mütter ihre eigene Bedeutung als gering ein. Das kann unter anderem daran liegen, dass gerade die Arbeit zu Hause mit kleinen Kindern wenig Spielraum für eigene Entscheidungen oder eine bewusste Einflussnahme bieten. Auch erfährt Versorgung von Haushalt und Kleinkindern nach wie vor wenig öffentliche Wertschätzung und die alltäglichen Herausforderungen werden von der Gesellschaft nicht angemessen ernst genommen. Daher sind sich Mütter häufig ihres eigenen Wertes nicht bewusst. Wird dann noch ihre Sicherheit, die sie eigentlich in der Geborgenheit ihrer Familie finden, zum Beispiel durch Krankheit oder Trennung erschüttert, fühlen sie sich schnell minderwertig und wertlos.

Es stellt sich also die Frage: Woher nehmen wir unseren Wert? Was gibt uns Sicherheit und worin sehen wir unsere Bedeutung? Welche Punkte das im Alltag sind, welche Aufgaben uns begeistern und wo wir unsere Unsicherheiten haben, das kann jede Frau nur für sich ganz persönlich beantworten. Aber für alle gilt, dass ihre Person in ihrer Aufgabe als Mama, aber auch ganz unabhängig davon und in allen anderen Aspekten ihrer Persönlichkeit, von Gott angenommen, geliebt, gewollt, beschützt und getröstet ist.

Für Gott ist jede einzelne Frau von weltbewegender Bedeutung und er ist als unser Fels und unsere Burg die größte Sicherheit, die wir hier auf der Erde finden können (siehe dazu *Kleine Kraftquellen* im Kapitel *Krankenpflegerin*). Diese Wahrheit sollten wir versuchen, immer weiter in uns wachsen zu lassen. Denn wenn wir uns in Gott sicher fühlen, überträgt sich das auf unser eigenes Empfinden von Sicherheit. Wir können uns angstfreier in einer Gemeinschaft (Ehe, Gemeinde, Kollegen, ...) bewegen, reagieren ausgeglichener und entspannter auf andere Menschen und andere Meinungen. Und je mehr wir um unsere Bedeutung wissen, desto eher halten wir es aus, eine Zeit im Hintergrund zu bleiben.

BLICK IN DIE BIBEL: HANNAH

Hannah war die zweite Frau von Elkana, der ebenfalls mit Peninna verheiratet war. Zur damaligen Zeit war es nicht unüblich, dass ein Mann mehrere Frauen hatte, solange er beide gut versorgen konnte. Peninna hatte bereits mehrere Söhne und Töchter mit Elkana, während Hannah noch kein Kind zur Welt gebracht hatte. Sie litt sehr unter ihrer Kinderlosigkeit und unter Peninna, die sie damit immer wieder brüskierte. Die Situation spitzte sich jedes Jahr besonders bei einem religiösen Fest im Tempel zu, bei dem Hannah von ihrem Mann bei der Verteilung des traditionellen Opferfleisches wegen ihrer Kinderlosigkeit bevorzugt wurde. Dann wurde Peninna besonders gemein zu ihr, schließlich hatte sie ihrem Mann mehrere Kinder geboren, doch er begünstigte die andere Frau. Die Situation war für alle schwer auszuhalten.

Jahr um Jahr war es dasselbe – Peninna verhöhnte Hannah, wenn sie zum Heiligtum des Herrn gingen, sodass Hanna weinte und nichts mehr essen wollte. „Warum weinst du, Hannah?", fragte ihr Mann Elkana. „Warum isst du denn nichts? Warum bist du so traurig? Du hast doch mich – ist das nicht besser als zehn Söhne?" 1. Samuel,7-8

Hannah rang um eine Schwangerschaft. Ihr ging es nicht nur um das Kind, sondern auch um die gesellschaftliche Stellung einer Mutter. Als Frau ohne Kind war sie Müttern sozial nicht gleichgestellt und genau damit konnte Peninna sie immer wieder verletzen. Die Geburt eines Kindes würde ihre Position in der Familie und ihre Stellung als Ehefrau sichern. Es würde ihr eine größere Bedeutung in ihrer Familienkonstellation geben und zudem eine feste Aufgabe. Außerdem wäre sie durch ein Kind auch im Alter abgesichert. Zu aller Ausgrenzung kam die Traurigkeit über die eigene Kinderlosigkeit hinzu, denn Unfruchtbarkeit wurde zu dieser Zeit immer auch als eine Strafe Gottes gedeutet. In all ihrer Verzweiflung konnte auch die Liebe ihres Mannes sie nicht trösten.

Nach einem jahrelangen Kampf gegen die Kinderlosigkeit wendete sie sich schließlich an Gott. Sie suchte seine Gegenwart im Tempel und betete. Dabei weinte sie bitterlich und schüttete Gott ihr ganzes Herz aus, sie brachte ihm ihren Kinderwunsch, aber auch all die Verletzungen und Enttäuschungen der letzten Jahre. Sie suchte ihre Zuflucht und ihre Sicherheit in Gott. Da sie sich in ihm absolut verstanden und aufgehoben fühlte, konnte sie Gott sogar versprechen, ihm dieses Kind zurückzugeben. Denn ihre Position als Mutter konnte sie dadurch nicht wieder verlieren.

> *Sie legte ein Gelübde ab: „Allmächtiger Herr, wenn du mein Leid siehst und an mich denkst und mich nicht vergisst und mir einen Sohn schenkst, dann will ich ihn dir, Herr, geben." 1. Samuel 1,11*

Nach dem Gebet und einem kurzen Gespräch mit dem Priester ging es ihr bereits besser. Sie begann wieder zu essen und wurde von einem inneren Frieden getragen, noch bevor sie schwanger geworden war. Ihr Gebet wurde erhört und sie bekam einen Sohn, den sie Samuel (Bedeutung: von Gott erbeten) nannte. Als Samuel abgestillt war, also etwa im Alter von drei bis fünf Jahren, brachte sie ihn zum Tempel, wo er von diesem Zeitpunkt an leben würde. Sie war zwar nicht mehr regelmäßig in seiner Nähe, versorgte ihn aber weiter. Schließlich wurde Samuel einer der einflussreichsten Personen seiner Zeit, er ernannte und beriet die ersten beiden Könige Israels.

Hannah hat für ihre Schwangerschaft gekämpft, ihr Kind aber nur wenige Jahre bei sich behalten können. Die Trennung muss ihr unfassbar schwergefallen sein, aber sie hat ihr Versprechen eingehalten und erlebt, was für ein Segen auf ihrem Sohn lag. Von ihr ist ein Lobpreislied überliefert, in dem sie Gott für sein Eingreifen dankt (nachzulesen in 1. Samuel, 2). In den ersten Zeilen klingt es ein wenig wie eine Abrechnung mit denen, die sich über ihre Kinderlosigkeit lustig gemacht haben. Sie hat Gott als Trost und Sicherheit erlebt und konnte diese Sicherheit auch in die Zeit mitnehmen, in der ihr Kind nicht mehr in ihrer Nähe war.

BLICK AUF MICH – TIPPS UND ANREGUNGEN

Beim Thema Engagement ist es wichtig, auf sein Herz und seine Interessen zu schauen, aber auch darauf, was zeitlich und kräftemäßig möglich ist. Denn oft passiert es, dass man sich aus Begeisterung für die neuen Aufgaben in alle Angebote stürzt, die irgendwie möglich scheinen, doch dann bekommt ein Kind Fieber oder die Eltern brauchen Hilfe und schon müssen alle Termine wieder abgesagt oder verschoben werden. Das führt schnell zu Frust und demotiviert.

Ein erster Schritt Richtung Ehrenamt kann sein, sich mit einer Freundin ein paar interessante Bereiche anzuschauen, um sich erst dann zu entscheiden. Oder man schaut mal wieder in einem Verein oder bei einem Projekt vorbei, bei dem man als Jugendliche schon aktiv war, und fragt, ob noch Unterstützung gebraucht wird.

Fragen zum Weiterdenken
» Was gibt mir Sicherheit im Alltag?
» Woran mache ich meinen eigenen Wert fest?
» Für welche Themen brenne ich?
» Wo mache ich vielleicht schon zu viel, weil ich mich nicht gesehen fühle?
» Wofür engagiere ich mich bereits

Freundin sein

Als unser großer Sohn geboren wurde, wohnten wir in Hamburg. Dort gab es Kita-Gutscheine für junge Familien, sodass bereits im Krippenalter keine Betreuungskosten anfielen. Die allermeisten meiner Freundinnen nutzten dies auch und begannen spätestens nach einem Jahr wieder mit Freude zu arbeiten. Außerdem waren Väter in Elternzeit nichts Ungewöhnliches.

Aber als wir kurz nach dem ersten Geburtstag unseres Großen von der Stadt aufs Land zogen, erlebten wir eine Überraschung: Obwohl mein Mann sich in Elternzeit befand, während ich arbeitete, wurde in der örtlichen Kita immer ich angesprochen. Die Krippenplätze waren nur mit Glück und rechtzeitiger Anmeldung zu bekommen, zudem bezahlte man dafür. Es war völlig normal, Kinder die ersten drei Jahre daheim zu betreuen, und damit war unser Lebensentwurf eine Ausnahme!

Lisa-Felicitas

Ein in der Persönlichkeits- und Organisationsentwicklung beliebtes Zitat lautet: „Du bist der Durchschnitt der fünf Personen, mit denen du die meiste Zeit verbringst." Meistens wird es dem amerikanischen Unternehmer Jim Rohn zugeschrieben[33] – doch selbst Goethe äußerte sich bereits ähnlich: „Sage mir, mit wem du umgehst, so sage ich dir, wer du bist; weiß ich, womit du dich beschäftigst, so weiß ich, was aus dir werden kann."[34] Wer auch immer der Erste war, der einen Zusammenhang feststellte, es stimmt, dass wir am stärksten von den Personen beeinflusst werden, mit denen wir am meisten Zeit verbringen. Genau dieses Prinzip nutzte Jesus, als er sein Leben über mehrere Jahre fast rund um die Uhr mit zwölf Jüngern teilte – und diese weit über die gemeinsame Zeit hinaus prägte und veränderte.

Auch und gerade als Mama habe ich immer wieder festgestellt, wie wichtig meine Freundinnen für mich sind, um meinen Alltag zu meistern. Dabei gilt dieser Aspekt für mich deutlich weiter gefasst als in dem eingangs geschilderten Beispiel zu der Frage, wie viel meine Kinder fremdbetreut werden. Vielmehr bin ich überzeugt davon, dass jede Mama ein Unterstützungsnetzwerk braucht – und dass die Unterstützung sowohl zeitlich als auch emotional, sozial und praktisch[35], manchmal vielleicht auch finanziell sein kann. Denn der Alltag mit kleinen Menschen, für die man die Verantwortung trägt, ist wild, unvorhersehbar und überraschend – man kann schlichtweg nicht nur ein bisschen Mama sein. Entsprechend herausfordernd ist diese Aufgabe eben auch.

Ich werde zum Beispiel nie vergessen, wie eine meiner besten Freundinnen mir in der Kleinkindphase Ermutigung zusprach. Während ich mich ausgebrannt fühlte, ihr unter Tränen meinen Frust, meine Selbstzweifel und Schuldgefühle berichtete, sah sie schon weiter: „Diese Phase wird weder dich noch eure Familie auseinanderreißen. Vielmehr passiert in dir gerade Heilung und du legst das Fundament für viel größere Stürme in der Zukunft. Zudem sind deine Erfahrungen gerade ein Riesenschatz für die Arbeit mit Familien und Kindern, die du später in deiner Praxis sehen wirst."

Wie oft habe ich seitdem an diesen Schlüsselmoment zurückgedacht. Aber auch weniger tiefgehende Herausforderungen meistere ich besser aufgrund meiner Freundschaften: Als meine beiden großen Kinder noch gewickelt wurden, wollte ich unbedingt eine Alternative zu Wegwerfwindeln ausprobieren. Wer sich schon mal mit Stoffwindeln beschäftigt hat, weiß, dass das eine Wissenschaft für sich ist. Hätte ich nicht eine Freundin gehabt, die bereits mit dem von mir präferierten System wickelte, hätte ich mich wahrscheinlich nicht an die Umstellung (die ja auch erst einmal einen großen finanziellen Einsatz benötigt) herangetraut! Und als ich die ersten Misserfolge in Form von ausgelaufenen Windeln hatte, hätte ich ohne ihre Tipps bestimmt schnell aufgegeben.

Ein Dauerbrenner in dem Kreis der Mamas, in dem ich mich bewege, ist die Frage, wie wir ausreichend Vitamine in die Nahrung unserer Kinder (im Zweifel auch hineingeschmuggelt) bekommen. Zwar gibt es unter uns viele verschiedene Ernährungsansätze, von zuckerfrei und vegan bis hin zu intuitivem Essen, aber ich würde weniger vielfältig kochen, seltener Smoothies mixen und häufiger in Konflikt mit meinen Kindern geraten ohne den Austausch untereinander.

Für mich ist es zudem ungemein wichtig, dass ich mit ebenfalls berufstätigen Mamas teilen kann, wie es ist, morgens oftmals unter Zeitdruck die Kinder zum Kindergarten und zur Schule zu bringen. Ich weiß, ohne sie würde sich mein schlechtes Gewissen viel häufiger melden oder ich würde mich ständig zerrissen fühlen zwischen meinen Kindern, der Arbeitsverpflichtung und dem Bedürfnis danach, mit anderen Mamas nach dem Abgeben noch entspannt vor der Kita-Tür plaudern zu können. Als im letzten Herbst und Winter in der Kita meiner Tochter über Monate hinweg regelmäßig nur

Notbetreuung stattfand oder ihre Gruppe ganz geschlossen wurde, gelang es mir sogar, die Ausfälle mit Humor zu nehmen. Denn ich konnte mir mit einer anderen Mama, deren arbeitsfreie Tage praktischerweise nicht auf dieselben Vormittage wie meine fielen, die Betreuung teilen.

Neben all den Vorteilen, die Freundschaften mit Mamas mit ähnlichen Familienentwürfen mit sich bringen, schätze ich jedoch auch diejenigen, deren Kinder schon viel älter oder noch viel jünger sind als meine. Ich liebe das Gefühl, Teil einer großen Geschichte zu sein, in der wir voneinander *und* miteinander lernen können. Und es tut gut, Rat und Hilfe zu empfangen, aber auch selbst Erfahrungen weitergeben zu können. Zwar fällt es mir schwerer, Freundschaften zu pflegen, in denen viele Unterschiede bestehen, aber auch in diesen konnte ich schon echte Schätze bergen – denn mehr als einmal bin ich schon in meiner Sicht auf meine Kinder oder meiner Bewertung einer Situation durch diese Freundinnen herausgefordert worden.

Deshalb möchten wir den letzten Teil dieses Buches Frauen widmen, die ihr Mamasein auf die unterschiedlichsten Arten gestalten. Wir wünschen euch, dass ihr genau wie wir von ihnen inspiriert, herausgefordert und ermutigt werdet, euren eigenen Weg zu finden, der zu euch, euren Kindern, Partnern, Ressourcen und Aufgaben passt!

MAMAS ERZÄHLEN

Sarina

Ich bin Sarina (36), Mama eines Sohnes (6) und einer Tochter (4) und verheiratet. Ich bin gelernte Rettungsassistentin und habe fünfeinhalb Jahre in diesem Beruf gearbeitet. Gerade mache ich mein praktisches Jahr im Rahmen meines Medizinstudiums. Insgesamt habe ich dann 10 Jahre studiert, wobei ich in dieser Zeit zweimal in Elternzeit war.

Meine Stärken als Mama: Ich bin liebevoll, besorgt, gut organisiert und konsequent (was meine Kinder wahrscheinlich nicht so gut finden wie ich). Wo es nur geht, versuche ich, mir irgendwie Zeit für meine Kinder zu nehmen, und freue mich und tanze gerne ausgelassen mit ihnen. Außerdem bin ich aufopfernd und stehe zum Beispiel nachts viel auf, wenn es nötig ist, und verzichte dadurch auf eigene Dinge wie beispielsweise Schlaf. Aber diese Eigenschaft ist vielleicht auch eine Schwäche.

Meine Herausforderungen als Mama: Geduld zu haben ist ein großes Lernfeld. Ich könnte noch entspannter sein, zum Beispiel bei den Tischmanieren oder bei der Sauberkeit zu Hause. Da könnte ich auch mal was liegen lassen.

Das hätte ich gern vorher gewusst: Wie anstrengend es wird, wenn man Mutter ist. Aber es ist auch gut, dass ich es nicht wusste, sonst hätte ich zumindest mehr überlegt, Kinder zu bekommen. Und es wäre gut gewesen, hätte mir jemand gesagt, wie sehr man auf sich und seine Partnerschaft aufpassen und sich immer wieder Zeit für sich freischaufeln muss.

Meine Geschichte als Mama: Ich habe meine Kinder bewusst im Studium bekommen, wobei die Kinder immer oberste Priorität hatten. Aus diesem Grund war ich zum Beispiel auch länger als geplant in Elternzeit, und ich weiß jetzt, dass es das Richtige für meinen Sohn war. Ich definiere mein Selbst nicht nur über das Mamasein, denn das Studium ist mir wichtig, auch wenn es länger gedauert hat.

Als mein erstes Kind ein Jahr alt war, ist meine Mutter an Krebs verstorben. Deshalb fehlt mir nun die Möglichkeit, meiner eigenen Mutter Fragen zu stellen, aber ich freue mich, dass sie mich noch als Mama erleben und mein erstes

Kind kennenlernen konnte. Gleichzeitig bin ich traurig, dass sie meine Tochter nicht mehr kennengelernt hat. Sie wäre eine tolle Oma und für mich als Mama eine große Bereicherung gewesen. Auch mein Mann erlebt ihre Abwesenheit als großen Verlust.

So hat mich meine Mutter besonders geprägt: Bei uns zu Hause wurde viel auf Höflichkeit und Etikette geachtet. Diese Art der Erziehung hat besonders mein Vater geprägt, während meine Mutter durch ihren liebevollen Umgang ein Vorbild für mich und meinen Mann war. Außerdem habe ich ihre fröhliche Natur übernommen, die ich im stressigen Alltag versuche weiterzugeben.

Meine Eltern waren etwa ein Jahr getrennt, als ich etwa drei oder vier Jahre alt war. Diese Zeit hat mich sehr geprägt und ich habe in ihr einen Liebesmangel erlebt, weil meine Eltern sehr mit sich beschäftigt waren. Aus diesem Grund habe ich mir vorgenommen, es bei meinen Kindern anders zu machen, gerade in der Beziehung zu meiner Tochter, die für mich etwas ganz Besonderes ist.

Das möchte ich meinen Kindern mit auf den Weg geben: Sie sollen wissen, dass sie immer geliebt sind, egal, was sie im Leben vielleicht falsch machen werden – Mama und Papa stehen immer zu ihnen. Ihnen soll bewusst sein, dass unsere Liebe nicht an Bedingungen oder Perfektionismus geknüpft ist und sie nichts dafür leisten müssen. Leider haben mein Mann und ich das anders erlebt, darum ist es uns für unsere Kinder so wichtig. Mir ist außerdem wichtig, dass sie Gott als Freund in ihr Herz lassen und ihnen Gottes Gegenwart in ihrem Leben stets bewusst ist.

So tanke ich auf: Durch Zeit für mich allein und Spaziergänge in der Natur. Indem ich mich mit Freundinnen treffe, Sport mache, Musik höre und Musik mache und während meiner Arbeit, bei der ich gefördert werde und Befriedigung erlebe.

Deborah

Ich bin Deborah, 34 Jahre alt, Mutter eines Sohnes (sieben Jahre) und arbeite als Grundschullehrerin.

Meine Geschichte als Mama: Ich bin ungeplant schwanger geworden, doch eine Abtreibung stand für mich nie im Raum. Obwohl ich mir schon immer Kinder gewünscht hatte, war der damalige Zeitpunkt sehr unpassend. Ich lebte in einer gewaltvollen und sehr ungewissen Partnerschaft und wollte nach dem Studium endlich ins Referendariat starten. Die Schwangerschaft verlief glücklicherweise komplikationslos, dennoch war ich durch den zunehmenden emotionalen und körperlichen Missbrauch durch den Vater des Kindes oft gestresst. Die *einfache* Schwangerschaft konnte ich somit nur bedingt genießen. Kurz nach der Geburt meines Sohnes wurde der Vater verhaftet. Mit dieser räumlichen Trennung konnte die emotionale Trennung endlich beginnen. Ich brach den Kontakt ab und erstritt mir vor Gericht das alleinige Sorgerecht. Seitdem bin ich alleinerziehend.

Meine Stärken als Mama: Ich habe einen langen Geduldsfaden und komme mit wenig Schlaf aus. Außerdem kann ich gut zuhören und bin nicht nachtragend.

Meine Herausforderungen als Mama: Ich bin überaus froh, alleinerziehend zu sein und über das alleinige Sorgerecht zu verfügen. Sämtliche Entscheidungen allein treffen und meine Interessen und meine Werte kompromisslos weitergeben zu dürfen, ist für mich ein großes Privileg. Vor allem, wenn das andere Elternteil nicht mit den eigenen Werten übereinstimmt.

Dennoch ist die uneingeschränkte Aufmerksamkeit und die 24/7-Verfügbarkeit sehr kräftezehrend. Termine oder mal eigene Zeit zu haben, ist für mich oft mit viel Organisation im Vorfeld verbunden. Zudem bin ich noch immer dabei, meine Erlebnisse professionell zu verarbeiten. Weiterhin versuche ich, mein Kind mit seinen Erlebnissen (in der Schwangerschaft oder im Kleinkindalter) wahrzunehmen und es bestmöglich zu begleiten. Mein Verständnis für Situationen und Emotionen wächst erst nach und nach, denn die Unterschiede zwischen (vererbten) Traumata und Persönlichkeit herauszufinden, kann für mich nur mit Fachpersonal gelingen.

Das hätte ich gern vorher gewusst: Ich hätte so gerne mehr über die Entwicklung des Babys im Bauch und die weitere Entwicklung eines Kindes gewusst. Wie entwickelt sich der Körper des Kindes und was benötigt er dazu? Zu was ist das Kind in dem jeweiligen Stadium imstande und was kann noch nicht erwartet werden? Ich kannte nur meine eigene Erziehung, weshalb ich gerne vorher mehr über bedürfnis- und bindungsorientierte Erziehung gewusst hätte.

So hat mich meine Mutter geprägt: Meine Mama ist schon sehr lange gläubig, somit hat mich der Gedanke, dass jedes Kind ein Wille und ein Geschenk Gottes ist, mein Leben lang begleitet. Aus diesem Grund habe ich dem Thema Abtreibung nie Raum gelassen, obwohl alles dafürsprach. Dieses Denken begleitet mich nicht nur im Muttersein, sondern auch in meinem Beruf und hilft mir sehr, mein Kind und auch andere Kinder als Geschenk zu sehen.

Meine Mutter und ihre Familie haben noch immer ein sehr veraltetes Bild von Erziehung. Obwohl meine Mama schon viel dazugelernt hat, bleiben gewisse Dinge für sie *traditionell*. Seitdem ich selbst Mutter bin, habe ich viele Dinge besser verstanden. Ich hätte mir als Kind zum Beispiel oft mehr Verständnis, mehr Nähe und Aufmerksamkeit gewünscht. Dies versuche ich bei meinem Sohn besser zu machen.

Das möchte ich meinem Kind mitgegeben: Ich möchte, dass er mit der Gewissheit aufwächst, dass er immer zu mir kommen kann. In unserer Familie herrsch(e) eine große Fehlerkultur, man wurde oft auf seine Fehler hin beschränkt. Ich aber wünsche mir, dass er sich bedingungslos geliebt fühlt, egal, welche Fehler oder Fehltritte passiert sind.

So tanke ich auf: Wenn ich Zeit allein verbringe. Dabei reicht mir oft schon Zeit zu Hause oder abends, wenn mein Sohn schläft. Dann bastele ich sehr gern, weil ich damit gut abschalten kann. Dinge für andere Menschen herzustellen, macht mir sehr viel Freude.

Manuela

Mein Name ist Manuela und ich bin 64 Jahre alt. Meine vier Kinder sind 39, 36, 33 und 28 Jahre alt. Ich arbeite als Ärztin in einer Mutter-Kind-Klinik.

Meine Geschichte als Mama begann sechs Wochen nach unserer Hochzeit, mitten in meinem Medizinstudium. Die erste Überraschung war die Schwangerschaft als solche und die zweite das anschließende heftige Schwangerschaftserbrechen, das mich ein zusätzliches Semester kostete. Auch wenn das Studium mit Baby mich sehr herausgefordert hat, war die Freude über unsere erste Tochter so erfüllend, dass wir selbstverständlich noch mehr Kinder wollten. Der tiefe Wunsch nach weiteren Kindern dauerte bis zur Geburt unseres vierten Kindes an. Mein Wunsch war es, *Mutter zu sein*, und nicht nur, *Kinder zu haben*.

Zu dieser Zeit hatte ich weder Ambitionen, beruflich tätig zu sein, noch wollte ich den Druck durch eine Doppelbelastung, da die Tätigkeit meines Mannes mir finanziell den Rücken freihielt. So war ich 21 Jahre glückliche Hausfrau und Mutter. Ins Berufsleben startete ich dann erst mit Mitte 40, als unser Jüngster elf Jahre alt war. Der Anfang war hart und mit viel innerer Anspannung verbunden. Aber heute, fast 20 Jahre später, bin ich sehr dankbar, diesen Absprung gewagt zu haben. Denn auch mein Beruf gibt mir eine tiefe Erfüllung.

Was sind deine Stärken als Mutter? Ich war Vollblutmama, zufrieden und ausgefüllt damit, für meine Kinder zu sorgen, sie zu begleiten und Zeit für sie zu haben. Am besten können wohl meine Kinder selbst diese Frage beantworten: Von ihnen kommt unter anderem die Rückmeldung, dass genau die Zeit, die ich für sie hatte und ihnen widmete, eine Stärke war.

Was waren deine Herausforderungen als Mama? Akzeptieren, was unabänderlich ist – zum Beispiel viermal heftiges Schwangerschaftserbrechen und jahrelang meine eigenen Hobbys zurückzustellen. In den Jahren der Pubertät Kompromisse zu finden, die unsere elterlichen Vorstellungen mit den Freiheitswünschen der Heranwachsenden handelbar machen. Vertrauen auf Gottes Schutz und Vertrauen in meine Kinder, wenn sie begannen, abends später heimzukommen – erst recht, als sie abends mit frisch erworbenem Führerschein mit unserem Auto unterwegs waren.

Was hätte ich gern vorher über das Muttersein gewusst? Ich hätte damals gern die Bücher von Jesper Juul gelesen, etwas über bedürfnisorientierte Erziehung gewusst und über die Entwicklungsschübe von Babys und Kleinkindern„ die heutige Mütter bereits der App „Oje, ich wachse"[36] entnehmen können.

Wo hat dich deine Mama in ihrem Muttersein geprägt? Ich war mir der Liebe und Annahme meiner Mutter stets sicher und das hat wohl meine tiefe Liebesfähigkeit geprägt. Auch durfte ich erfahren, wie meine Mutter stets Zeit und ein offenes Ohr für mich hatte. Eine immer wieder durchdringende ängstliche Haltung gehörte jedoch zu den negativen Prägungen, die ich über Jahrzehnte hinweg zu überwinden lernen musste.

Was möchte ich meinen Kindern mit auf den Weg geben?
Ich sehe sie alle als große Schätze in meinem Leben, die
mich bis heute bereichern. Macht weiter so, bleibt offen für
Neues, prüfet alles und das Gute behaltet und setzt es um.
Und als siebenfache Großmutter möchte ich noch ergänzen: Im Berufsleben gibt es ein Rentenalter – im Muttersein
gibt es das nicht. Und das ist das Tolle! Du hast nicht erst
als Großmutter eine 2. Chance, sondern jeden Tag neu auch
schon als Mutter!

Wie tanke ich auf? In Gottes Nähe, im Gebet und Lesen der
Bibel kann ich auftanken. Die kostbarsten Momente sind
jene, wenn Bibelverse in ganz normalen Alltagssituationen
auf einmal lebendig werden. Meine persönlichen Tankstel-
len sind außerdem Spaziergänge in der Natur, das Spielen
mit und staunende Beobachten der Enkelkinder, außerdem
tiefgründige Gespräche und Bücher.

Julia

Ich bin Julia und 40 Jahre alt. Mein Mann Mark und ich haben zwei Töchter. Meine große Tochter ist acht und die jüngere sechs Jahre alt. Seit zehn Jahren bin ich Beamtin im
Allgemeinen Verwaltungsdienst bei einer Kreisverwaltung
und arbeite dort zurzeit im Bereich Regionalentwicklung
und Verkehrsinfrastruktur. Ich war nach der Geburt unserer Mädchen jeweils ein Jahr in Elternzeit und habe danach
mit 20 Stunden pro Woche wieder gestartet. Zurzeit arbeite
ich 24 Stunden in der Woche in meinem Beruf.

Deine Geschichte als Mama: Unsere jüngere Tochter ist
vor zwei Jahren an Leukämie erkrankt. Damit ist in unserem Familienleben der schlimmste Albtraum aller Eltern
Wirklichkeit geworden. Nach der Diagnose folgte ein Jahr
intensive Chemotherapie. Ungefähr ein Drittel dieses Jahres

hat sie, meist mit mir, im Krankenhaus verbracht. Diese Zeit hat mich als ihre Mama sehr oft weit über meine Grenzen gebracht. Diese fürchterliche Krankheit hat mir vor Augen geführt, was ich als Mutter alles nicht unter Kontrolle habe, und erst einmal alle gefühlten Sicherheiten weggenommen.

In guten Momenten habe ich es in dieser Zeit geschafft, mein krankes Kind *an Gott abzugeben* und ihm zu vertrauen, dass er sich am besten um sie kümmern kann – egal, wie es ausgeht. Ich bin sehr dankbar, dass er unsere Gebete erhört hat und sie bald das zweite Jahr der Leukämietherapie, die Dauertherapie, beendet. Sie ist ein starkes, fröhliches Mädchen, das sich riesig auf ihre Einschulung im Sommer freut. Das ist natürlich nur ein Aspekt meiner Geschichte als Mama.

Was sind deine Stärken als Mama? Ich habe eine gute Antenne für das, was meine Kinder fühlen, und ich denke, es gelingt mir, ihren *emotionalen Tank* zu füllen.

Was sind besondere Herausforderungen für dich als Mama? Ich empfinde es als besonders herausfordernd, gut für mich selbst zu sorgen und nicht gestresst und getrieben, sondern ausgeglichen zu sein. Außerdem ist Zeitplanung im Alltag eine Herausforderung für mich. In Bezug auf Erziehung sind klare Kommunikation und konsequentes Handeln die Themen, bei denen ich bei mir noch viel *Luft nach oben* sehe.

Was hättest du gerne vorher gewusst? Vielleicht hätte ich gerne eine Ahnung davon gehabt, wie sehr das Muttersein die Persönlichkeit prägt.

Wo hat dich deine Mutter geprägt? Zum Teil ganz praktisch, zum Beispiel in Bezug auf Routinen und Rituale im Tagesablauf und Familienleben in den verschiedenen Jahreszeiten.

Was möchtest du deinen Kindern mit auf den Weg geben? Dass sie einzigartig und genau richtig sind, so wie sie sind, dass sie bedingungslos geliebt werden und dass sie nicht alles richtig machen müssen und es in Ordnung ist, Fehler zu machen.

Wie tankst du auf? Ich kann auftanken, wenn ich Zeit allein verbringe und zum Beispiel im nah an unserem Haus gelegenen Wald spazieren gehe. Musik und Lobpreis helfen mir auch beim Auftanken – auf meinem Weg zur Arbeit oder nach Hause. Es tut mir außerdem gut, wenn ich mir Zeit für etwas Wellness, zum Beispiel ein Fußbad, nehme.

Katharina

Ich heiße Katharina, bin 35 Jahre alt und Mama einer Tochter (sechs Jahre) und eines Sohnes (drei Jahre). Ich arbeite als Personalerin auf Geschäftsleitungsebene.

Meine Geschichte als Mama: Für meinen Mann stand immer fest, dass er Kinder haben möchte. Ich habe diesen Wunsch nicht immer so stark gespürt. Als ich mich gefragt habe, woher das kommt, habe ich gemerkt, dass ich mir nicht vorstellen konnte, mit meinen Kindern ein Leben zu Hause als *Hausfrau* zu leben. Durch den Einstieg in meinen Beruf, in dem ich gesehen habe, dass es Frauen gibt, die diese beiden Lebensbereiche kombinieren und gemeinsam mit ihrem Partner ein Modell etabliert haben, in dem beide sich beruflich verwirklichen konnten, konnte ich mich nach und nach immer besser mit der Vorstellung identifizieren, selbst Mutter zu werden.

Unterstützt wurde ich dabei vor allem von einigen engen Freundinnen, die mich immer wieder ermutigt haben, wenn mir selbst Zweifel kamen. Eine Riesenstütze ist zudem mein Mann, der das Modell von zwei arbeitenden Elternteilen von Beginn an wie selbstverständlich angenommen hat und auch eigene Nachteile, vor allem in seiner beruflichen Entwicklung, in Kauf genommen hat, um es zu verwirklichen.

Meine Stärken als Mama: Gemeinsam leben mein Mann und ich unseren Kindern vor, dass wir gleichberechtigt erziehen, arbeiten und Care-Arbeit übernehmen. So haben wir beide unsere *Zeiten* mit den Kindern.

Meine Herausforderungen als Mama: Die Konfrontation mit der Haltung, vor allem im christlichen Umfeld, dass man als Mutter nicht *so viel* arbeiten *und* gleichzeitig eine gute Mutter sein kann. Ich habe mich bei beiden Kindern nach vier Monaten zu Hause unzufrieden gefühlt und dies hat nach und nach Auswirkungen auf die Familie gehabt. Aus diesem Grund habe ich bei beiden nach sechs Monaten wieder angefangen zu arbeiten – bei meiner Tochter in Vollzeit, bei meinem Sohn die ersten Monate mit 15 Stunden pro Woche und seitdem mit 32 Stunden pro Woche. Die Kinder waren und sind in der Zeit, in der ich arbeite, immer gut versorgt, entweder bei ihrer Tagesmutter, ihren Großeltern oder meinem Mann.

Das hätte ich gern vorher gewusst: Dass es okay ist, andere um Hilfe zu bitten, und dass es das allseits bekannte Dorf benötigt, um Kinder großzuziehen, und dies für sie ein absoluter Gewinn ist.

So hat mich meine Mutter geprägt: Meine Mutter hat mir immer vorgelebt, dass es sich lohnt, als Frau für die eigenen Interessen einzustehen und Verantwortung für den eigenen Werdegang zu übernehmen.

Das möchte ich meinen Kindern mit auf den Weg geben: Den Mut, ihren eigenen Weg zu gehen und ihren Stärken zu folgen, in dem Wissen, dass Gott sie führen wird.

So tanke ich auf: Kommt darauf an – manchmal, wenn ich Zeiten für mich habe, und beim Sport, aber auf jeden Fall immer in der Natur und in den Bergen.

Gedanken zum Abschluss – Ein Blick zurück

Bevor ich selbst Mama geworden bin, habe ich mich kaum für Babys oder Kleinkinder interessiert und auch nach der Geburt meiner Söhne habe ich nicht sehr oft das Bedürfnis, andere Babys zu halten oder mit ihnen zu spielen. Umso erstaunlicher ist es für mich, dass ausgerechnet ich ein Buch über den Alltag mit diesen kleinen Wesen geschrieben habe. Aber es ist ja kein Buch über Babys und Kleinkinder, sondern über und für ihre Mamas. Es ist am Ende das Buch geworden, das ich selbst gerne als junge Mama gelesen hätte: Ein Buch, das mir nicht sagt, was ich alles machen muss, damit meine Kinder optimal aufwachsen, sondern ein Buch, durch das ich mich als Frau und Mama gesehen fühle.

Es hat mir Freude gemacht, die einzelnen Aufgabenbereiche einer Mutter zu erkunden, Fakten und Hintergründe über Mutterschaft zu recherchieren, und das Graben in der Bibel hat meine Beziehung zu Gott bereichert. Während des Schreibprozesses ist es mir selbst immer mehr gelungen, einzelne Facetten meiner Mutterschaft mit meiner eigenen Persönlichkeit zu füllen und mich neben der Mama auch als Frau wiederzuentdecken. Gerade, während ich diese Zeilen schreibe, kommt mein Sohn das vierte Mal zu mir auf den Schoß geklettert, um mich zu fragen, was ich schreibe. Genau in diesem Moment wird mir bewusst, wie sehr in meinem Alltag das Mamasein mit dem Sovielmehr verbunden ist.

Dorothée

Am Ende dieses Buchprojekts bleibt für mich vor allem staunende Freude: Nie hätte ich mir träumen lassen, dass aus meinen größten Herausforderungen während der ersten Jahre als Mama einmal ein Buch entstehen würde. Umso überwältigter war ich, als der Verlag Interesse zeigte.

Doch dann begann sich abzuzeichnen, dass wir einen kleinen Nachzügler erwarten würden, und ich stand vor der Frage, weitermachen oder nicht. Denn schwanger zu sein bedeutete für mich bisher jedes Mal ausnahmslos die erste Hälfte der Schwangerschaft aufgrund von extremer Schwangerschaftsübelkeit (hyperemesis gravidarum), die nur mit täglichen Infusionen, Medikation und Krankenhausaufenthalten überstanden werden konnte, einen körperlichen Ausnahmezustand zu durchleben. In dieser Phase des noch mal Mamawerdens ließen mich jedoch zwei Worte nicht los: genau deshalb das Buch schreiben zu wollen. Genau deshalb, weil ich noch mal Mama werden und gleichzeitig eine neue Facette von mir durch das Schreiben aufblühen lassen würde.

Tatsächlich ging es mir dann während des Schreibens häufig so, dass im Blick zurück auf meinen bisherigen Weg eine tiefe Dankbarkeit entstand – denn genau aufgrund dieses Weges bin ich jetzt nicht mehr die Mama, die ich noch vor zehn Jahren war. Ich ruhe stärker in meiner Identität, die von Gott sehr vielfältig geschaffen wurde. Das darf ich feiern, statt es zu verstecken. Denn ich kenne nun auch meine Fallstricke wie meine hohen Ansprüche, meinen Ehrgeiz und mein starkes Bedürfnis nach Zeit für mich allein besser. Zudem bin ich in Phasen absoluter Kraftlosigkeit auch immer *wieder an meine Grenzen gestoßen.* Genau deshalb *fällt es mir nun leichter,* Nein *zu sagen, während mein* Ja *verlässlicher geworden ist.*

Ebenso weiß ich über mich als Mama zum Beispiel, dass meine dünne Haut bei Streitigkeiten zwischen meinen Kindern und meine Lautstärkeempfindlichkeit durch meine eigene Kindheit geprägt wurden. Genau deshalb *darf ich Ruhe einfordern, aber meinen Kindern auch erlauben, miteinander wild zu toben und zu kämpfen, ohne dass ich die Nerven verliere.*

Und weil all das genau so ist, wünsche ich jeder Mama dieselbe Freiheit, in all ihren Stärken und Schwächen ganz sie selbst zu sein. Am besten mit viel Humor – so wie ein Freund meines Sohnes kürzlich vor einem gemeinsamen Schwimmbadbesuch. Da antwortete dieser auf die Frage, ob er schwimmen könne, ganz gelassen: „Nö – aber das macht nichts. Ich kann tauchen.“

Lisa-Felicitas

Literaturnachweise

1 https://de.statista.com/infografik/1983/wie-lange-maenner-und-frauen-im-haushalt-arbeiten/
2 https://www.destatis.de/DE/Presse/Pressemitteilungen/2024/02/PD24_073_63991.html
3 https://de.statista.com/statistik/daten/studie/1219563/umfrage/aufteilung-der-hausarbeit-und-kinderbetreuung-vor-der-corona-krise-nach-geschlecht/
   https://www.bmfsfj.de/resource/blob/186176/5ce7892cc4d0ea903321b7ee32e46a52/vaeterreport-update-2021-data.pdf
4 https://equalcareday.org/mental-load/
5 Juul, Jesper (2014). „Mann und Vater sein", Kreuz Verlag Freiburg.
6 Lexikon zur Bibel (1994), Brockhaus, S. 1035.
7 https://www.kindergesundheit-info.de/themen/krankes-kind/erkrankungen/grippaler-infekt/
8 https://www.elternleben.de/elternwissen/schulkind/erziehung-und-bildung/langeweile-bei-kindern-warum-sie-so-wichtig-ist/
9 https://bvpraevention.de/cms/index.asp?inst=newbv&snr=12809
10 https://www.stiftunglesen.de/

11 https://magazin.sofatutor.com/eltern/instrument-lernen-9-tipps-wie-sie-ihr-kind-zum-ueben-motivieren/

12 https://www.aok.de/pk/magazin/familie/kinder/kochen-mit-kindern-leicht-gemacht/

13 Bensel, J. (2012). Entwicklung des Kleinkindes und kulturspezifische elterliche Verhaltensweisen. PEKIP-Info 47 (5), S. 4-7

14 Keller, Mattias; Körner, Thomas: von https://www.destatis.de/DE/Methoden/WISTA-Wirtschaft-und-Statistik/2023/04/erwerbstaetigkeit-arbeitszeit-042023.html

15 https://www.destatis.de/DE/Presse/Pressemitteilungen/2023/08/PD23_323_12.html

16 https://www.destatis.de/DE/Presse/Pressemitteilungen/2023/10/PD23_392_12_13.html

17 siehe Verweis 14

18 https://www.iurastudent.de/skripte/grundrechte/begr-ndetheit-der-verfassungsbeschwerde-bzgl-der-berufsfreiheit-art-12-gg

19 https://www.dwds.de/wb/Berufung

20 https://www.duden.de/rechtschreibung/Finanzen

21 https://www.duden.de/rechtschreibung/wirtschaften

22 Crusius, J. (in press). Soziale Vergleiche. In P. Ozimek, H.-W. Bierhoff, E. Rohmann, & S. Hanke (Eds.),

Angewandte Sozialpsychologie: Ein Lehrbuch.
Kohlhammer.

23 https://www.sciencemediacenter.de/alle-angebote/
press-briefing/details/news/auswirkungen-sozialer-
medien-auf-mentale-gesundheit/

24 https://www.duden.de/rechtschreibung/Neid

25 von Scheve, Christian; Stodulka, Thomas; Schmidt, Julia
(2013). Guter Neid, schlechter Neid?
Von der „Neidkultur" zu Kulturen des Neides.

26 Bucher, Anton. „Geiz, Trägheit, Neid & Co in Therapie
und Seelsorge", 2012. Springer Verlag Berlin Heidelberg.

27 https://www.bpb.de/themen/deutsche-einheit/
lange-wege-der-deutschen-einheit/47313/kitas-und-
kindererziehung-in-ost-und-west/

28 https://www.bpb.de/themen/deutsche-einheit/
lange-wege-der-deutschen-einheit/47313/kitas-und-
kindererziehung-in-ost-und-west/

29 Stahl, Stefanie. „Das Kind in dir muss Heimat finden".
2015, kailash Verlag München.

30 Willenborg, Bastian. „Kind, du machst mich wahnsinnig!
Wie uns in der Erziehung unsere eigenen Muster in
die Quere kommen." 2022, Heyne.

31 https://www.duden.de/rechtschreibung/engagieren

32 Crabb, Lawrence J. „Die Last des anderen" (1988/2007).
Brunnen, Basel

33 https://quoteinvestigator.com/2022/08/08/five-people/

34 Goethe, J. W. von. „Wilhelm Meisters Wanderjahre", 1821;
erweitert 1829. 2. Buch, 11. Kap.

35 All das schließt natürlich auch Schwestern mit ein:
Danke an Hanna und Rebekka für eure Unterstützung,
nicht nur bei diesem Buch.

36 https://www.ojeichwachse.de/baby/apps/oje-ich-
wachse-app/

Berührt von Gottes Vaterherz

„Beim Lesen dieses Buches hatte ich immer wieder das Bild eines Springbrunnens vor mir. Von allen Seiten fließt mir Liebe entgegen. Die Autorin erzählt detailgetreu, wortgewandt und voller Wärme kleine Familienmomente."

Leserstimme

Nicole Schmidt erzählt Episoden aus ihrem Leben als Mutter. Dabei hat sie sich gefragt: *„Was möchte mich Gott durch meine Kinder lehren?"*. Die 35 Kurzgeschichten zeigen, was sie durch diese Erlebnisse über ihren himmlischen Vater gelernt hat. Ihre Beobachtungen und Gedanken weiten den Blick für persönliche Alltagserlebnisse, die mehr von Gottes Vaterherz enthalten, als wir bislang vielleicht meinten.

Ein Buch voller kurzweiliger und berührender Geschichten aus dem Familienleben – verknüpft mit geistlichen Wahrheiten, die die Vaterliebe Gottes ins Herz fallen lassen.

Nicole Schmidt • Einfach Kind sein
Gebunden • 192 Seiten • ISBN 978-3-95734-963-7
Auch als E-Book erhältlich unter: 978-3-96122-613-9

Wie gelebter Glaube als Mutter im Alltag gelingt

„Ein Must-read für jede Mama! Auf liebevolle und einfühlsame Art zeigt Franziska Buchegger auf, wie Mütter in einem vollen Alltag Jesus tiefer begegnen können."

Christina Walch, Autorin

Mütter kennen diese Fragen: Wie stärke ich meine eigene Identität als Tochter Gottes? Wie kann das Leben als Christin in der Nachfolge zwischen Wäschebergen, Windelwechseln und dem ganz normalen Trubel, den das Familienleben mit sich bringt, konkret aussehen? Diesen und anderen Fragen geht Franziska Buchegger praktisch und mit tiefen Erkenntnissen nach. Gelebte Jüngerschaft ist ihr Herzensthema. Ein Buch voller Anregungen und inspirierender Gedanken darüber, wie man den eigenen Kindern den Glauben vorleben und sie dadurch prägen kann. Und dabei selbst in seiner Persönlichkeit und Gottesbeziehung wachsen kann.

Franziska Buchegger • Mama nach dem Herzen Gottes
Gebunden • 208 Seiten • ISBN 978-3-98695-041-5
Auch als E-Book erhältlich unter: 978-3-96122-625-2

Interaktive Andachten mit Mehrwert für Mutter und Kind

Anna-Lena Satler

MANNA für *Mamas*
Andachten für junge Mütter

„Ein christliches, bindungsorientiertes Andachtsbuch für Mamas – endlich! Dieses Buch kann dir helfen, eine tiefere Bindung zu deinem Kind, dir selbst und Gott aufzubauen."

Marina Hoffmann, Elternmentorin

Dieses interaktive Andachtsbuch ist perfekt für Mütter von Babys und Kleinkindern. Die über 50 Andachten fördern auf besondere Weise die Verbundenheit auf drei Ebenen: zwischen Müttern, zwischen Mutter und Gott und zwischen Mutter und Kind. Hier erfährst du, wie du die Entwicklung deines Kindes unterstützen kannst und wirst ermutigt, eine vertrauensvolle Beziehung zu deinem Kind aufzubauen. Alltägliche Erfahrungen und Themen der Mutterschaft werden mit Gottes Wesen als Vater verknüpft. Dieses Buch verbindet daher Mamathemen mit Glaubensthemen. Außerdem gibt es zu vielen Andachten Ideen für Aktivitäten, die die Entwicklung und Bindung zu deinem Kind fördern.

Anna-Lena Satler • Manna für Mamas
Klappenbroschur • 176 Seiten • ISBN 978-3-98695-087-3
Auch als E-Book erhältlich unter: 978-3-96122-642-9